Material zur Angewandten Geographie, Band 29

Stadt- und Regionalmarketing – Irrweg oder Stein der Weisen?

Ein Geschenk im Rahmen der bundesweiten Hochschulaktionen 1997/98. Überreicht vom Deutschen Verband für Angewandte Geographie und dem Verlag Irene Kuron zur Verbesserung der Lage in den Bibliotheken
****
DVAG * Königstr. 68 * 53115 Bonn

Material zur Angewandten Geographie, Band 29

Rolf Beyer
Irene Kuron (Hrsg.)

Stadt- und Regionalmarketing – Irrweg oder Stein der Weisen?

herausgegeben im Auftrag des
Deutschen Verbandes für Angewandte Geographie

vik
Verlag Irene Kuron
Bonn

Bonn 1995

Die Deutsche Bibliothek – CIP-Einheitsaufnahme

Stadt- und Regionalmarketing – Irrweg oder Stein der Weisen? / Hrsg. im Auftrag des Deutschen Verbandes für Angewandte Geographie. Rolf Beyer ; Irene Kuron (Hrsg.). – Bonn : Kuron, 1995
  (Material zur Angewandten Geographie ; Bd. 29)
  ISBN 3-923623-20-8

NE: Beyer, Rolf [Hrsg.]; GT

Herausgegeben von Rolf Beyer und Irene Kuron
im Auftrag des Deutschen Verbandes für Angewandte Geographie e.V. (DVAG), Bonn.

Verantwortlich für Inhalt, Abbildungen und Tabellen sind die Verfasser der Beiträge.

Alle Rechte vorbehalten, insbesondere das des Abdrucks und der Übersetzung in fremde Sprachen. Bei gewerblichen Zwecken dienender Vervielfältigung ist an den Verlag gemäß § 54 UrhG eine Vergütung zu zahlen, deren Höhe mit dem Verlag zu vereinbaren ist.

Copyright © 1995 by Verlag Irene Kuron, Bonn

Printed in Germany

Druck: Hundt Druck GmbH, Köln

Verlagsanschrift: Verlag Irene Kuron, Lessingstraße 38, 53113 Bonn

Vorwort der Herausgeber

Von Rolf Beyer und Irene Kuron

Stadt- und Regionalmarketing sind ein seit Anfang der 90er Jahre viel diskutiertes Thema in Kommunen, bei Verbänden, Politikern und einer zunehmend wacher werdenden Öffentlichkeit.

Zahlreiche Kommunen und Regionen machen derzeit erste Erfahrungen mit ihren Stadt- und Regionalmarketingprojekten. Der Wunsch nach einem Erfahrungsaustausch sowie nach einer fachlich fundierten Diskussion zwischen Wissenschaftlern und Praktikern aus den unterschiedlichen Bereichen ist deshalb groß.

Dies war der Anlaß für den Deutschen Verband für Angewandte Geographie e.V. (DVAG), in Kooperation mit der Industrie- und Handelskammer Magdeburg am 30. und 31. März 1995 eine Tagung zum Thema Stadt- und Regionalmarketing durchzuführen.

Das vorliegende Buch stellt eine Zusammenstellung der Fachbeiträge dieser Tagung sowie der lebhaften Diskussion dar. Darüber hinaus wurde die Rede des Wirtschaftsministers des Landes Sachsen-Anhalt, Dr. Klaus Schucht, der als Schirmherr der Veranstaltung spezielle sachsen-anhaltinische Aspekte einbringt, in den Band aufgenommen.

Ein weiterer Fachbeitrag von Michael Bertram, den er anläßlich der 7. Tagung des Arbeitskreises für Regionalforschung und Geographie im Oktober 1994 in Wien vorgetragen hat, wurde als Ergänzung und zur weiteren Befruchtung der Fachdiskussion eingeführt.

Die Autoren versuchen in ihren Beiträgen, die Frage "Stadt- und Regionalmarketing – Irrweg oder Stein der Weisen?" – jeder aus seiner spezifischen Projekterfahrung heraus – zu beantworten.

Das Anliegen des Bandes ist, neben einem eher theoretischen Überblick über die Instrumente des Stadt- und Regionalmarketings, an Hand von zahlreichen Fallbeispielen aus unterschiedlichen Regionen Deutschlands und mit unterschiedlichen Marketingansätzen den Erfahrungsaustausch zu ermöglichen. Gerade die Fallbeispiele zeigen plastisch die Möglichkeiten und Grenzen des Stadt- und Regionalmarketings auf.

Im abschließenden Resümee versuchen die Herausgeber, die Ergebnisse der Tagung zu bündeln und Ansätze für die künftige Arbeit aufzuzeigen.

Vorwort der Herausgeber

Die Gliederung des Bandes in grundsätzliche, eher theoretisch gehaltene Beiträge und Fallbeispiele, differenziert nach Stadt- und Regionalmarketing, möge dem Leser die Orientierung erleichtern.

Klar scheint, daß die intensive Diskussion dieses "jungen" Instrumentariums erst richtig beginnt.

Bonn im September 1995

Inhaltsverzeichnis

Vorwort der Herausgeber 5

Grußwort
Siegfried Zander 9

Grußwort
Thomas J. Mager 11

Geleitwort
Klaus Schucht 13

Teil I: Theoretische Grundlagen des Stadtmarketings 19

Stadtmarketing –
Eine Einführung
Hans-Günther Meissner 21

Marketing für Städte und Regionen –
Modeerscheinung oder Schlüssel zur dauerhaften Entwicklung?
Michael Bertram 29

Teil II: Fallbeispiele zum Stadtmarketing 39

Stadtmarketing - eine Herausforderung für die Wirtschaftsförderung?
Fallbeispiel Bergisch Gladbach
Martin Westermann 41

"Runder Tisch Bonn-Bad Godesberg"
Rolf Beyer 51

Inhaltsverzeichnis

Stadtmarketing Hansestadt Greifswald
Andreas Hauck 63

Stadtmarketing Magdeburg
Claus Mangels 69

Stadtmarketing Tangermünde
Regina Roß 77

Teil III: Theoretische Grundlagen des Regionalmarketings 83

Grundlagen für das Regionalmarketing –
Eine Einführung
Hans-Jürgen von der Heide 85

Teil IV: Fallbeispiele zum Regionalmarketing 97

Regio Rheinland
Dieter Noth 99

Regionalmarketing in der Region
Crimmitschau, Glauchau, Meerane, Werdau, Zwickau
Renate Unger 103

Tourismusmarketing im Harz
Klaus-Hermann Mohr 111

Aktion Mitteldeutschland
Achim Schaaschmidt 115

Das Beispiel Oberfranken Offensiv
Wolfgang Weber 121

Teil V: Diskussion und Resümee 125

Diskussion 127

Resümee
Rolf Beyer und Irene Kuron 139

Autorenverzeichnis 145

Grußwort

Von Siegfried Zander

Meine sehr geehrten Damen und Herren,

wir haben uns hier in Magdeburg zur Tagung "Stadt- und Regionalmarketing - Irrweg oder Stein der Weisen?" zusammengefunden.

Ich freue mich, daß Sie als Interessierte aus kommunalen Gebietskörperschaften, Behörden, Ministerien, Verbänden, Universitäten, Beratungsunternehmen und als Aktive aus Stadt- und Regionalmarketingprojekten zu dieser Tagung gekommen sind. Ebenfalls freuen wir uns über die rege Beteiligung aus den Reihen der Mitgliedsunternehmen der IHK sowie über die Mitglieder des mitveranstaltenden Deutschen Verbandes für Angewandte Gegraphie, die zahlreich unserer Einladung gefolgt sind.

Ganz besonders freue ich mich, daß wir als prominenten Gast und Redner den Minister für Wirtschaft und Technologie des Landes Sachsen-Anhalt, Herrn Dr. Schucht, begrüßen dürfen.

Meine Damen und Herren,

Sie fragen sich vielleicht, wie es kommt, daß eine regional tätige Industrie- und Handelskammer mit einem bundesweit aktiven Fachverband, dem Deutschen Verband für Angewandte Geographie e.V. (DVAG), eine Tagung durchführt, die auf den ersten Blick weniger mit den Aufgaben einer Kammer zu tun zu haben scheint. Das scheint nur so. Lassen Sie mich die Beweggründe schildern, sich für diese Tagung zu engagieren.

Industrie- und Handelskammern sind Vertreter der gewerblichen Wirtschaft des jeweiligen Bezirks. Unsere Mitgliedsunternehmen setzen sich mit betriebwirtschaftlichem Marketing auseinander. Insofern müssen wir uns als Kammer auch mit diesen Fragen beschäftigen. Es ist selbstverständlich, daß wir uns mit Unternehmensphilosophien auseinandersetzen müssen. Eine Vielzahl unserer angebotenen Dienstleistungen berührt das Marketing.

Die Kammern sind regional und lokal tätige Interessenvertreter. Auch die Industrie- und Handelskammer Magdeburg versteht sich als Fürsprecher und Promotor der wirtschaftlichen

Entwicklung. Wir stellen die positiven Aspekte unserer Region in den Vordergrund, ohne Schwächen zu beschönigen. Wir wollen Ideen entwickeln, die den Unternehmen bessere Bedingungen für ihre einzelbetriebliche Entwicklung einräumen, aber auch wirtschaftliche Strukturen in Stadt und Land gestalten helfen.

Dazu müssen wir oft von Haus zu Haus, um mit den Entscheidungsträgern zusammenzuarbeiten und Lösungswege und Entscheidungen herbeizuführen. Rahmensetzende Impulse für die wirtschaftliche Erstarkung in unseren Gemeinden und Städten im Land Sachsen-Anhalt müssen weiterhin gegeben werden. Das sind die Bezugspunkte, die das Interesse unserer Kammer zum Thema zum Ausdruck bringen. Auch die Mitgliedschaft von Mitarbeitern dieses Hauses im Deutschen Verband für Angewandte Geographie e.V. (DVAG) ist ein nicht unwesentlicher Grund, daß man sich hier getroffen hat. Vielen Dank an den Verband, den Verbandsvorstand - namentlich Herrn Marquardt-Kuron und Herrn Mager - sowie die guten Geister hier im Hause, stellvertretend sei hier Herr Rönick gedankt, die für die intensive Vorbereitung gesorgt haben.

Stadt- und Ragionalmarketing sind Bezeichnungen für Prozesse, für die auch die Kammern kooperative und kompetente Partner sein wollen. Wir wollen mit dieser Veranstaltung daher eine Plattform anbieten, die dem wechselseitigen Erfahrungsaustausch von Wissenschaft, Praxis und Politik dienen soll.

Alle Beteiligten an Marketingprozessen der Städte und Regionen stehen zwar in einem gewissen Konkurrenzverhältnis, doch es muß die Erkenntnis vorliegen: Kein Einzelinteresse wird künftig ohne eine partnerschaftliche Zusammenarbeit durchzusetzen sein. Partnerschaftliche Zusammenarbeit ist ein wichtiges Thema in Anerkennung des Eigeninteresses und der erfolgreichen unternehmerischen Tätigkeit, die eingebracht werden müssen.

Identifikation nach innen und Attraktivität nach außen gewinnen in einem Europa der Regionen eine zunehmend wichtige Rolle als Standortfaktoren.

Lassen Sie uns diese zwei Tage Chancen, Risiken und Irrwege ausloten. Dabei können alle nur gewinnen. Ich wünsche Ihnen und uns einen erfolgreichen Verlauf für die Tagung und viele anregende, interessante Gespräche in der Magdeburger IHK.

Grußwort

Von Thomas J. Mager

Sehr geehrter Herr Minister Dr. Schucht, als Schirmherr unserer gemeinsamen Fachtagung mit der Industrie- und Handelskammer Magdeburg, freue ich mich sehr, Sie im Namen des Deutschen Verbandes für Angewandte Geographie (DVAG) ganz herzlich begrüßen zu können. Ebenfalls gilt mein Gruß dem amtierenden Hauptgeschäftsführer der IHK Magdeburg, Herrn Kollegen Zander als "personifiziertem" Kooperationspartner. Ferner begrüße ich neben unseren Gästen die DVAG-Kolleginnen sowie die Vertreter der Presse.

"Stadt- und Regionalmarketing - Irrweg oder Stein der Weisen?" so lautet das Motto unserer Fachtagung, die sich nahtlos an den 1. Sachsen-Anhaltinischen Handelstag anschließt, bei dem der Fragenkreis des Stadt- und Regionalmarketings bereits thematisiert wurde - zuletzt anläßlich der gestrigen Podiumssitzung im Rahmen des Parlamentarischen Abends.

Stadt- und Regionalmarketing nur als reine Kosmetik zu verstehen, die die Unfähigkeit einer mangelnden Außendarstellung übertünchen soll, wäre fatal. Vielmehr muß Stadt- und Regionalmarketing den kommunalen/regionalen Unternehmensgeist wecken, d.h. Instrumentarium sein bzw. Moderator zwischen Politik, Verwaltung, Bürgern und nicht zuletzt der Wirtschaft. Dies ist gleichbedeutend mit der Verfügbarmachung des sogenannten endogenen Entwicklungspotentials der vorgenannten Gruppen.

Hier sei auch an das altbekannte Public-Private-Partnership erinnert, wobei es darum geht, das Instrument des Stadt- und Regionalmarketings besser zu nutzen und somit verstärkt Kräfte zu bündeln. Vor dem Hintergrund der leeren (Kommunal-)Kassen muß Stadt- und Regionalmarketing auch als eine neue geeignete Form zur Revitalisierung der Innenstädte angesehen werden. Nicht zuletzt wird hier eine Form des Ausgleichs der Lebensbedingungen durch Betonung der gemeinsamen Identität ermöglicht.

Auch hier gilt das Bildnis, daß Stadt- und Regionalmarketing nur dann von Erfolg gekrönt sein kann, wenn erst einmal die Barrikaden in den Köpfen beseitigt sind. D.h. die oftmals falsch verstandenen Rücksichtnahmen müssen einer verstärkten Zusammenarbeit weichen. In diesem Zusammenhang ist auch der Vergleich mit dem bekannten "Runden Tisch" sicherlich angebracht. Hierbei geht es in erster Linie darum, Fronten abzubauen, Gemeinsamkeiten wiederzuentdecken, ein Vertauensverhältnis neu zu schaffen, das als Grundlage dazu dient, mit vereinten Kräften Lösungsstrategien zu erarbeiten und umzusetzen.

Dem Deutschen Verband für Angewandte Geographie (DVAG) liegt als größtem deutschen geographischen Fachverband sehr an der Aufarbeitung dieser Themenstellung in Zusammenarbeit mit der Industrie- und Handelskammer Magdeburg. Mit der Wahl des Kooperationspartners, den Referenten, denen ich an dieser Stelle bereits meinen außerordentlichen Dank für ihre Mitwirkungsbereitschaft ausdrücken will, sowie der Wahl des Tagungsortes Magdeburg liegen wir sicherlich richtig.

Bevor ich nun das Wort an Herrn Prof. Dr. Meissner zwecks Einführung in das Thema abgebe, gestatten Sie mir noch ein paar Worte des Dankes. Vor allem möchte ich Herrn Minister Dr. Schucht und Herrn Dr. Heller vom Wirtschaftsministerium, Herrn Hauptgeschäftsführer Zander, Frau Jäger und Herrn Rönick von der IHK, die zusammen mit meinem Kollegen Herrn Marquardt-Kuron auch für die inhaltliche Ausgestaltung der Fachtagung zeichnen, sowie der Stadt Magdeburg für die Ausrichtung des Empfangs danken.

Ich denke, daß es den oben genannten Organisatoren dieser Fachtagung gelungen ist, eine interessante Themenmischung zusammenzustellen, die Ihnen einen umfassenden Einblick in die Aufgaben- und Arbeitsbereiche des Stadt- und Regionalmarketings eröffnen.

Im Namen des Deutschen Verbandes für Angewandte Geographie (DVAG) wünsche ich Ihnen einen angenehmen Aufenthalt in Magdeburg, gute und anregende Fachdiskussionen und eine interessante Tagung.

Geleitwort

Von Klaus Schucht

Ich danke Herrn Mager und Herrn Zander, daß der Deutsche Verband für Angewandte Geographie e.V. (DVAG) und die Industrie- und Handelskammer Magdeburg mit ihrer Veranstaltung ein wichtiges Anliegen des sachsen-anhaltinischen Handelstages [1] vertiefen und daß die zeitliche Koordinierung beider Veranstaltungen so optimal erfolgt ist.

Ich möchte dafür danken, daß Magdeburg als Tagungsstätte gewählt wurde. Ein großer Teil von Ihnen kommt ja nicht aus Magdeburg, die Magdeburger bitte ich vorher um Vergebung, wenn ich jetzt etwas sage, was diejenigen, die von außen kommen sicherlich auch so empfinden. Magdeburg liegt nicht am Tegernsee. Das ist offensichtlich, aber das ist ja gerade die Herausforderung - nämlich etwas wettzumachen, was von Natur aus nicht gegeben ist.

Ihr Thema Stadtmarketing - oder wenn ich versuche, das mit meinen Worten zu sagen, die Entfaltung einer Urbanität in einem Gemeinwesen wie Magdeburg und die Schaffung von Umständen, die das Leben hier lebenswerter machen, das ist um so wichtiger als Anliegen, je weniger die natürlichen Reize einer Umgebung oder andere Faktoren dies im vorherein schon ermöglichen.

Nun ist eine Stadt am Strom immer schon begünstigt (Köln, Bonn, New Orleans). Dieses Magdeburg hat, wenn ich dies hier einmal als Nicht-Magdeburger sagen darf, ein nicht ganz erklärliches Verhältnis zu dem Strom. Er ist nicht so integriert, wie das bei optimaler Nutzung der Gegebenheiten sich von selbst ergeben hätte. Die Stadt hat eine eher etwas abwehrende Haltung gegenüber der Elbe. Das macht es notwendig, daß man sich mit Stadt- und Regionalmarketing beschäftigt, wenn man diese Gegenheiten so vorfindet. Die Erfahrungen einer ganzen Reihe von Städten in Sachsen-Anhalt und auch das Ergebnis der gestrigen Expertenrunde belegen, daß Stadtmarketing weder ein Irrweg, noch der Stein der Weisen und auch keine Wunderwaffe ist.

Das gilt auch für Regionalmarketing, nur daß die Akteure in der Region wohl noch vielfältigere Interessen unter einen Hut bekommen müssen als die Akteure in einer Stadt. Mein Haus beschäftigt sich mit dem Regionalmarketing, in Verbindung mit der Verknüpfung benachbarter Stadtmarketingprojekte, der Vermarktung von Produkten einer Region, den Belangen des Tourismus und mit der Dorferneuerung, d.h. der Sicherung der Lebensqualität und der Lebensgrundlagen in ländlichen Räumen. Der Schwerpunkt unserer Tätigkeit liegt aber beim Stadtmarketing.

Das Förderkonzept des Wirtschaftsministeriums ist ausgerichtet, Stadtmarketing als Methode und als strategisches Instrument zu installieren. Wer Marketing auf die Außendarstellung und imagebildende Maßnahmen mit Broschüren und flotten Sprüchen verkürzt, vergibt die Chancen dieses Instruments. Planungs- und Entscheidungsprozesse sind so zu gestalten, daß es den Verantwortlichen des 'Unternehmens Stadt' gelingt, die Interessen zu koordinieren. Das betrifft wirtschaftliche, soziale, kulturelle und ökologische Probleme. Die Bündelung der Kräfte hilft auch die Interessen der Stadt zu konzentrieren. Wenn Bürger, Wirtschaft, Verwaltung und Politik für ihre Stadt konstruktiv zusammenarbeiten, wird dies die Eigeninitiative weiter stärken.

Warum beschäftigt sich die Landesregierung mit kommunalen Problemen? Warum engagiert sich die Landsregierung auf Wunsch der Stadt z.B. für die Bundesgartenschau (BUGA), die ja 1999 hier stattfinden soll? Die Landesregierung bekennt sich dazu, daß Entscheidungen am besten dort getroffen werden, wo sie sich auch konkret auswirken, das ist immer vor Ort. Das Subsidiaritätsprinzip wird um so besser greifen, je besser die Interessenkoordination und die Bündelung der Kräfte und Interessen vor Ort gelingt. Dafür steht die programmatische Aussage der Landesregierung zur Regionalisierung der Wirtschaftspolitik.

Das Ziel der stärkeren regionalen Eigenverantwortung soll ausgestaltet und mit viel Leben erfüllt werden. Die Landesregierung wird die Kommunen dabei nicht allein lassen, um gemeinsam und schnell wettbewerbsfähige Beschäftigungsverhältnisse und auskömmliche Einkommensmöglichkeiten zu sichern und neu zu schaffen, und um die regionalen Standorte, und damit die Wettbewerbskraft der Regionen, zu stärken. Die finanzielle Ausstattung der Kommunen ist nur die eine Seite. Die Zuweisung des Landes an die Kommunen betrug im vorigen Jahr 8,1 Mrd. DM. Beträchtliche Summen an Fördermitteln, die darüber hinaus fließen, stärken den kommunalen Bereich, z.B. Zuwendungen für den kommunalen Straßenbau und den ÖPNV, Städtebauförderung, Tourismusentwicklung und die Mittel aus der Gemeinschaftsaufgabe für die Verbesserung der regionalen Infrastruktur.

Allein aus dem letztgenannten Programm sind im Zeitraum 1991 bis 1994 für 3.187 einzelne Projekte der gewerblichen Wirtschaft und 677 Projekte der Infrastruktur des Landes fast 7 Mrd. DM bewilligt worden. Das Investitionsvolumen aus dieser Fördersumme beträgt über 30 Mrd. DM. Was vor allem ins Gewicht fällt: Damit konnten rund 160.000 Arbeitsplätze gesichert bzw. neu geschaffen werden. Im Rahmen der Mittelstandsförderung wurden in den letzten 4 Jahren aus dem Landesprogramm für Zinszuschüsse, Messe- und Ausstellungsförderung, den Absatz heimischer Produkte und das Bundesprogramm ERP [2] und EKH [3] rund 60.000 Einzelbewilligungen ausgesprochen. Damit verbinden sich Zuschüsse von über 6 Mrd. DM. Das zeigt, was aus finanzieller Sicht getan wird. In den kommenden Jahren wird es, was das Geld betrifft, jedoch eher knapper werden.

Es ist daher jetzt noch wichtiger als es bisher schon war, ich betone, ganz besonders wichtig, daß eine zielgerichtete Verteilung, ein effizienter Einsatz für die Belange vor Ort sichergestellt wird. Man muß sich noch mehr damit beschäftigen, daß man die Mittel dort einsetzt, wo sie den größten Erfolg versprechen. Das wird auch zu negativen Reaktionen führen, besonders seitens derjenigen, die ausgeschlossen werden, weil ihre Vorhaben nicht so produktiv sind. Diese werden das nicht über sich ergehen lassen, ohne öffentliche Kritik zu äußern. Hier ist der Punkt, wo der Hebel Stadtmarketing angesetzt werden kann. Im Sinne sparsamer Haushaltsführung muß der Hebel tatsächlich hier angesetzt werden. Deswegen möchte ich an dieser Stelle auch noch mal das Problem der Regionalisierung ansprechen: Regionalisierung bedeutet, daß sich Initiativen für die Förderung von Vorhaben aus der Region heraus entfalten und daß auch die Region entscheidet, was bei knapper werdenden Ressourcen an welchen Stellen gemacht wird. Um das zu bewerkstelligen, braucht man motivierte Menschen, die sich engagiert für ihre Kommune oder die Region, in der sie leben, einbringen, die bereit sind, im Sinne einer Partnerschaft öffentlicher und privater Hände, ihren Teil dazu beizutragen.

Damit kommen wir zu einem Thema, das uns hier in Magdeburg unmittelbar einleuchtet, nämlich die Revitalisierung der Innenstädte. Was ist damit gemeint? Die Problematik, vor der man hier im Osten aufgrund des Einigungsvertrages stand, war, daß in den Innenstädten Grundstücksfragen so schnell nicht geklärt werden konnten. Wenn die Güterverteilung, also der Handel und damit die Versorgung schnell bewerkstelligt werden sollten, mußte man auf die grüne Wiese am Rande der Städte oder sogar in die Gemeinden des Umlandes ausweichen, weil da in den großen Flächen die Eigentumsverhältnisse schnell zu klären waren und man sofort bauen konnte.

Nun ist damit eine Entwicklung eingetreten, die uns aus der Nordhemisphäre, also dem westlichen Europa einschließlich der USA geläufig ist. Dort hat dies jedoch ganz andere Gründe, nämlich das Ausweichen der großen Handelsketten mit ihren Selbstbedienungszentren und den großen Fachmärkten an die Peripherie der Städte, einfach deshalb, weil es ja auch vom Städtebau her gar nicht anders ging, z.B. von den Parkplätzen her, die man braucht. Eigentlich ist hier in den neuen Ländern gar nichts anderes eingetreten, als das, was überall sonst auch schon vorhanden ist. − Nur, die Frage, ob die Städte in ihren Zentren und die Citylagen dabei noch eine Chance haben, ist hier kritischer zu sehen als im Westen, denn hier gibt es kein Eigenkapital. Die kleinen selbstständigen Firmen, die im Osten noch im Einzelhandel bestanden haben, sind im Vergleich zum Westen schwach. Hier trifft diese Entwicklung auf eine nicht stabile Situation des Einzelhandels in den Städten. Wir sind gezwungen - und mit wir meine ich nicht nur das Ministerium, sondern auch die Bürger und die Gebietskörperschaften selbst -, in einen Abwägungsprozeß zu treten, zu verhindern, daß sich die Innenstädte vollends entleeren und die Urbanität, die man dort erwartet, verloren geht.

Es ist notwendig, sicherzustellen, daß ein ausgewogenes Verhältnis zwischen der Innenstadt und den besser zu erreichenden und vielleicht billigeren Randgebieten besteht. Dieser Abwägungsprozeß, den man auch von der Planung her begleiten muß, den auch jeder Bürger für sich dadurch entscheidet, daß er sich entweder samstags in sein Auto setzt und 30 km zu einem Möbelhaus oder einem Elektrogeschäft fährt oder daß er zu Fuß um die Ecke zu einem Laden in seiner Stadt geht. Das ist eine Entscheidung, die jeder für sich selbst trifft. Dies ist ein Problem, bei dessen Handhabung wir die wichtigsten Weichenstellungen für die weitere Entwicklung der Städte und aller anderen Standorte dieses Landes treffen. Das erfolgt unter Einbeziehung von ökonomischen und ökologischen Gesichtspunkten.

Die Kommune ist immer noch die Keimzelle eines jeden Landes und des Staates. Die Stadt lebt in hohem Maße von ihrem inneren Selbstverständnis und von der Identifikation der Bürger mit ihrer Stadt und natürlich damit auch von dem äußeren Image der Stadt. Identifikation nach innen und Attraktivität nach außen sind zwei wichtige Standortfaktoren für die Städte sowie für das Land im Wettbewerb der Standorte.

Lassen Sie mich an dieser Stelle eine kleine Erfahrung einflechten, die vielleicht etwas ungewöhnlich klingt. Mit der Attraktivität einer Stadt ist nicht unbedingt 'law and order' verbunden. Eine Stadt muß nicht jeden Tag gefegt sein. Betrachten Sie bitte eine 'geniale Unordnung', eine gewisse Ungeplantheit nicht immer nur als negative Aspekte. Das sind letztlich nicht die Punkte, auf die es ankommt. Urbanität kann auch entstehen trotz etwas abblätternder Fassaden und nicht immer geputzter Straßen. Es kommt vielmehr darauf an, daß die Menschen sich in ihrem Bereich wohlfühlen, und daß sie das, was sie brauchen an Kultur und an ökonomischen Ressourcen, möglichst dicht um sie herum finden.

Nach diesem Exkurs ein paar Worte zu Standortproblemen. Standortstärken in unseren Kommunen muß man ausbauen. Wenn Sie mich hier als Magdeburger Neubürger nach einer solchen fragen: Ich halte die Lage einer Stadt am Strom immer für einen Standortvorteil, man muß ihn nur zu nutzen wissen. Standortschwächen müssen gemildert und umgewandelt werden. Magdeburg ist ein großgewordenes Straßendorf. Es ist in die Länge gezogen, also schwieriger zu entwickeln, als eine zentrisch organisierte Stadt mit sternförmiger Ausstrahlung, wie z.B. Berlin. Stadtmarketing ist das Vehikel, die organisierte Form, sich einzubringen mit seinen Überlegungen. Sachsen-Anhalt hat über ein Jahr in den vier Mittelzentren Merseburg, Schönebeck, Stendal und Weißenfels Modellprojekte zum Stadtmarketing angeschoben und begleitet. Neben einer Reihe kleinerer Städte führen seit diesem Jahr auch die drei Oberzentren mit Unterstützung meines Hauses Stadtmarketingprojekte durch. Die dabei gesammelten Erfahrungen lassen sich wie folgt zusammenfassen:

1. Stadtmarketing wirkt immer langfristig. Nach zügiger Aufstellung eines Leitbildes und eines Handlungskonzeptes erfordert es dauerhaftes Engagement. Deswegen Vorsicht bei zu hohen Erwartungen an das Tempo.

2. Stadtmarketing ist nur maßgeschneidert erfolgreich. Die Besonderheiten der jeweiligen Stadt sind zu berücksichtigen.

3. Erfolgreiches Stadtmarketing erfordert Kompetenz. Aktive und dauerhafte Zusammenarbeit, Engagement und fachliche Kompetenz aller am Projekt Beteiligten sind Voraussetzung für den Erfolg. Ohne die politische Spitze und die Führung der Verwaltung geht allerdings auch nichts. Es muß sich auch die Führungsebene zu diesem Konzept bekennen.

4. Der Initiativkreis kann der Motor sein. Das ist eine alte menschliche Erfahrung, wenn wenige, wichtige und aktive Persönlichkeiten und Entscheidungsträger sich engagieren, dann können diese ungeheuer viel bewirken.

Ich möchte dazu hier noch eine weitere kleine Erfahrung einbringen. Bei meinen Besuchen in Greifswald ist mir aufgefallen und im Gespräch auch bestätigt worden, daß auch in der Zeit vor der Wende ein einzelner etwas bewirkt hat, was in der DDR einzigartig war. Es gibt einen Straßenzug zum Hafen, der nicht 'in Platte' renoviert worden ist, sondern in Einzelbauten, also Stein auf Stein. Was diese Häuser, die nicht mit den kostbarsten Materialien gebaut worden sind, wirklich unterscheidet, ist, daß der Stadtbaurat, der das als Einzelperson durchgesetzt hat, erstens dafür gesorgt hat, daß diese Häuser den umgebenden Häusern der Greifswalder Innenstadt in ihrem Äußeren angemessen waren, also keine Kästen, sondern individuelle Häuser mit den entsprechenden Dächern und Giebeln. Und zweitens hat jede Wohnung eine Eingangstür, die ein Student in Anlehnung an die alten Türen, die verkommen waren, als Holztüre individuell gestaltet hat. Das sind teilweise Kleinigkeiten, aber auch von diesen Kleinigkeiten lebt eine Stadt. Dies ist ein Beispiel dafür, wie ein Mensch sein Durchsetzungsvermögen genutzt hat, an einer Stelle wichtiges zu bewirken.

5. Es kommt auf den einzelnen an. Zur Sicherung von Dauerhaftigkeit muß man jedoch eine stabile Organisationsform finden. Eine externe Begleitung ist gut gegen Betriebsblindheit. Deshalb sollte eine externe Begleitung von Stadtmarketing durch eine interessensneutrale, externe Beratung, mindestens am Anfang, in Erwägung gezogen werden.

6. Wichtig ist dabei, daß ein ergebnisorientiertes Arbeiten sichergestellt ist, denn ohne sichtbare Ergebnisse verliert das Instrument schnell an Glaubwürdigkeit. Genauso wichtig ist das Vorhandensein von Kontrollmechanismen. Stadtmarketing braucht eine breite Akzeptanz, eine gezielte Öffentlichkeitsarbeit ist unbedingt erforderlich.

Erste Anfragen an mein Haus auf Fortsetzung von Stadtmarketingprojekten lassen erkennen, daß Stadtverwaltungen und Wirtschaft die Chancen sehen und den Standort, das 'Unternehmen Stadt', mit Hilfe des Stadtmarketings auch künftig nach vorne bringen wollen.

Ich hoffe, daß Sie nach Abschluß Ihrer Tagung die Stadt Magdeburg und das Land in guter Erinnerung behalten werden und daß Sie, soweit Sie aus anderen Ländern kommen, dies auch weitersagen. Helfen Sie uns also beim Außenmarketing. Ich wünsche Ihnen für den Verlauf dieser Tagung viel Erfolg.

Anmerkungen

1   Der vom Wirtschaftsministerium des Landes ausgerichtete sachsen-anhaltinische Handelstag fand am 29. März 1995 in Magdeburg statt. Die Verknüpfung beider Tagungen fand bei den Teilnehmern großen Anklang.

2   ERP = European Recovery Programme; ERP-Kredite sind zinsvergünstigte, öffentliche Kredite, die Existenzgründer beim Aufbau ihrer Unternehmen unterstützen.

3   EKH = Eigenkapitalhilfeprogramm; EKH-Kredite sind eigenkapitalersetzende öffentliche Kredite, die Existenzgründer beim Aufbau ihrer Unternehmen unterstützen.

Teil I:

Theoretische Grundlagen des Stadtmarketings

Stadtmarketing - Eine Einführung

Von H. G. Meissner

Entwicklungen zum Stadtmarketing

Die Marketing-Theorie hat sich in den letzten Jahrzehnten aus einer einseitigen ökonomischen Orientierung, die auf die Interessen von Unternehmen ausgerichtet ist, zu einem umfassenden Koordinations- und Steuerungsinstrument entwickelt, das gerade auch in vielen sozialen Bereichen eine wachsende Bedeutung erlangt hat. Marketing stellt eine Konzeption dar, mit deren Hilfe die Zielvorstellungen von Organisationen, ob es nun Unternehmen, Städte oder auch Personen sind, mit den Nutzenvorstellungen von Nachfragern, Verbrauchern oder auch Bürgern in Einklang gebracht werden können. Die Definition des Marketing, die von der American Marketing Association aufgestellt wurde und die sich international in Wissenschaft und Praxis durchgesetzt hat, lautet wie folgt:

> "Unter Marketing wird der Planungs- und Ausführungsprozeß im Hinblick auf die Gestaltung, Preisbildung, die Kommunikation und die Distribution von Ideen, Produkten und Dienstleistungen verstanden. Damit sollen
>
> **Austauschprozesse**
>
> ermöglicht werden, die sowohl die Ziele von Individuen als auch die von Organisationen in befriedigender Weise erfüllen."
>
> (Marketing News, March 1, 1985, Vol. 19, No. 5, p. 1)

Im Laufe der Entwicklung ist es in der Maketingtheorie in einer nachhaltigen Weise zu einem Prozeß des Marketing-Broadening gekommen, d.h. der Übertragung dieses ursprünglich für den Konsumgüterbereich entwickelten Marketingkonzeptes auf eine Vielzahl von Austauschprozessen - z.B. auf öffentliche Unternehmen wie Krankenhäuser, Theater oder Universitäten sowie auch auf soziale Institutionen wie das Rote Kreuz oder Amnesty International und eben auch auf Regionen, Städte und Gemeinden.

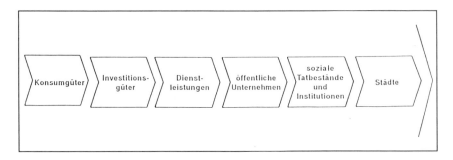

Abbildung 1: *Prozeß des Marketing-Broadening*

In diesem Zusammenhang des Marketing-Broadening (Abb. 1), der Übertragung und Erweiterung des Marketingkonzeptes auf soziale Tatbestände hat sich das Stadtmarketing als eine Sonderform der Marketingaktivitäten in den letzten Jahren – ausgehend von US-amerikanischen Städten und Gemeinden – entwickelt. Inzwischen gibt es eine ganze Anzahl von deutschen Städten (Berlin, Münster, Aalen, Dortmund, Wuppertal u.a.) und Gemeinden sowie von Regionen (Osnabrücker Land, Ruhrgebiet, Hessen), die Marketingkonzepte nutzen, um damit einmal ihr Profil nach außen zu verstärken, sich gegenüber anderen Städten und Gemeinden abzusetzen, aber zum anderen auch nach innen zu wirken, um die Zustimmung der Bürger zu den gestaltungspolitischen Entscheidungen in den Städten und Gemeinden zu erreichen und auch um die Identifikation und Motivation der Mitarbeiter der Städte zu verstärken.

Die Städte und Gemeinden stellen den Lebensraum der Bürger dar. An diesen Lebensraum werden in zunehmender Weise Hoffnungen und Erwartungen im Hinblick auf die Verwirklichung von Lebensqualität gerichtet. Dabei geht es je nach Lebenssituation um Ansprüche und Zukunftserwartungen hinsichtlich der Arbeitsplätze, der Verkehrssysteme, des Angebotes an Kindergärten, Schulen und Hochschulen, der Sportmöglichkeiten und Kulturleistungen sowie um die Vielzahl von Angeboten, die eine Stadt oder Gemeinde zu einem Lebensmittelpunkt machen, mit dem sich die Bürger identifizieren können.

Marketing, hier im Sinne des Stadtmarketings, stellt eine Sozialtechnik dar, die einen Beitrag leistet, um die unterschiedlichen Wünsche und Erwartungen der Bürger mit dem politischen, ökonomischen und gesellschaftlichen Leitvorstellungen der Stadt- bzw. Gemeindeverwaltungen zu koordinieren. Marketing bildet dabei ein rückgekoppeltes System (Abb. 2), bei dem es darum geht, tragbare Lösungsmöglichkeiten zwischen den Ansprüchen der Bürger und den begrenzten finanziellen Möglichkeiten der Städte und Gemeinden zu finden. Beim Stadtmarketing kommt es darauf an, die besondere Position einer Stadt oder Gemeinde im Vergleich zu anderen Städten und Gemeinden herauszustellen, ihr Image, das Leitbild, nach innen wie nach außen zu pflegen und die Akzeptanz des Verwaltungshandelns bei den Bürgern zu erhöhen.

Stadtmarketing - Eine Einführung

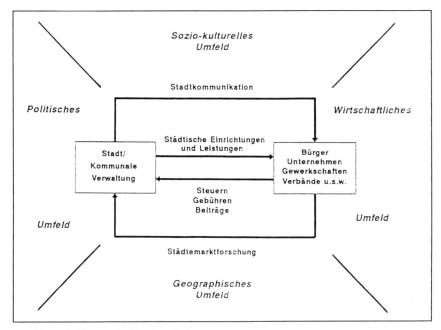

Abbildung 2: *System des Stadtmarketing*

Stadtmarketing als strategischer Prozeß

Die Marketingaktivitäten für Städte und Gemeinden müssen als eine strategische, d.h. strukturschaffende Aufgabe verstanden werden (Abb. 3). Um Stadtmarketingkonzepte zu entwickeln, ist die sorgfältige Analyse der gegebenen Ausgangssituation (Ist-Analyse) erforderlich, beispielsweise im Hinblick auf die Wirtschaftsstruktur und Industrieansiedlung, die Verfügbarkeit von Gewerbe- und Wohnflächen, aber auch bezüglich kultureller Angebote oder Sportveranstaltungen.

An die Erhebung der Ist-Situation muß sich die Formulierung der Ziele des Stadtmarketing anschließen. Bei diesen Zielformulierungen treten häufig Konfliktfelder hervor, z.B. zwischen dem steuerpolitischen Interesse einer Stadt an Industrieansiedlungen und dem gleichzeitigen Wunsch der Bürger nach einer ruhigen und nicht umweltbelasteten Wohnqualität. Ein anderer Zielkonflikt ergibt sich aus dem Interesse an einer sehr guten Verkehrsanbindung, verbunden mit der Nähe zu einem Flughafen und der Sorge vor der Lärm- und Abgasbelastung, die mit dem Flugverkehr verbunden ist. Dieser Zielkonflikt wird besonders deutlich in Randlagen von Flughäfen, z.B. in Frankfurt/Main oder in Düsseldorf.

Im strategischen Konzept muß dann die Umsetzung der Ziele des Stadtmarketings in konkrete Marketingstrategien in den Städten sowohl bei den Verwaltungen wie aber auch bei den Industrie- und Handelskammern oder anderen Trägern von städtischen Aktivitäten erfolgen.

Abbildung 3: *Stadtmarketing als strategischer Prozeß*

In diesem Prozeß der Umsetzung ist es von zentraler Bedeutung, daß die Mitarbeiter der Stadtverwaltungen, wie auch in anderen Institutionen, die Marketingkonzepte und -vorstellungen in ihre tägliche Arbeit einbeziehen. Erfahrungsgemäß leben die Stadtpolitiker, aber auch die Mitarbeiter in den einzelnen städtischen Ämtern, in einer verwaltungsrechtlichen Tradition und stehen Marketingaktivitäten mit einer gewissen Reserve oder sogar mit Widerstand gegenüber. Die Erfahrung bei der Entwicklung von Stadtmarketingkonzepten zeigt, daß die größte Bereitschaft, Marketingstrategien aufzugreifen und diese auch umzusetzen, auf der Ebene der Dezernenten besteht. Die Kulturdezernenten, die Dezernenten für die Wirtschaftsförderung oder auch die Schuldezernenten sind in besonderer Weise erfolgsorientiert und entsprechend bemüht, ein optimales Kosten-Nutzen-Verhältnis für ihren Verantwortungsbereich herzustellen und die Zustimmung der Bürger für ihre Aktivitäten zu finden.

Es schließt sich daran die spezifische Entwicklung von Marketinginstrumenten für Städte und kommunale Verwaltungen an. Das Marketinginstrumentarium kann nicht linear aus dem Bereich der Konsumgüterindustrie oder von Finanzinstitutionen übernommen werden, sondern dieses Instrumentarium muß auf die besonderen Aufgaben und die Verantwortung von Städten und Gemeinden abgestimmt sein. Die Platzausnutzung in den städtischen

Theatern kann schließlich wegen des besonderen Bildungsauftrages nicht durch ein überzogenes Angebot an Operetten und Musicals erreicht werden, sondern erfordert eine sehr spezifische Spielplangestaltung, z.b. im Hinblick auf einzelne Zielgruppen wie beispielsweise die Schüler oder die Senioren. Auch das Angebot der öffentlichen Verkehrsmittel, z.B. in den späten Abendstunden, muß auf die besonderen Bedürfnisse der Bürger abgestellt werden.

Die besondere Herausforderung an das Stadtmarketing ergibt sich aus dem Management der bereits skizzierten Konfliktfelder. So besteht ein typischer Konflikt zwischen dem Interesse einer Stadt oder Gemeinde an einer Industrieansiedlung und den damit notwendig verbundenen Umweltbelastungen. Ein weiteres Konfliktfeld besteht etwa zwischen dem Interesse an der Förderung kultureller Einrichtungen und dem Subventionsbedarf, der von diesen Einrichtungen ausgeht. Schließlich führt die Verbesserung der Verkehrsanbindung zu zusätzlichen Umweltbelastungen für die Anwohner. Die Aufgabe des Stadtmarketings besteht in diesem Zusammenhang darin, unter Berücksichtigung der Nutzenerwartungen einzelner Bürger und Interessengruppen, eine für die Allgemeinheit wünschenswerte und sinnvolle Versorgung bereit zu stellen. Insbesondere dürfen kommunalpolitische Entscheidungen nicht unter dem Eindruck getroffen werden, die politischen und wirtschaftlichen Interessen von Politikern und Unternehmen ständen im Vordergrund der Überlegungen. Stadtmarketing wird zu dem eigentlichen Harmonisierungsinstrument zwischen unterschiedlichen Interessenlagen, die sich in Städten und Gemeinden artikulieren.

Um dieser Anforderung gerecht zu werden, muß sich Stadtmarketing insbesondere auf zwei instrumentelle Kernbereiche stützen, die eine Informationsschleife zwischen der Stadt und ihren Bürgern, den Unternehmen, den Mitarbeitern und den sonstigen Interaktionspartnern bilden. Zum einen ist dies die Marktforschung, deren Aufgabe darin besteht, durch Sekundärforschung und Primäranalysen, die Nutzenerwartungen der Bürger zu erforschen, um bedarfsgerechte und bürgernahe kommunalpolitische Entscheidungen zu treffen. Als zweites Instrument spielt die Kommunikationspolitik eine zentrale Rolle. Durch persönliche Kommunikation, Direktmarketing, Werbeaktivitäten und insbesondere Presse- und Öffentlichkeitsarbeit sollen die Bürger über laufende und bevorstehende Entscheidungsprozesse informiert und nach Möglichkeit auch darin einbezogen werden. Die weitere Aufgabe der Kommunikationspolitik liegt darin, die Interessen einer Stadt nach außen zu verdeutlichen und damit ein Bild dieser Stadt zu formen.

Gestaltungsbereich und Träger des Stadtmarketing

Eine wesentliche Aufgabe des Stadtmarketing besteht darin, der Stadt oder Gemeinde zu einer unverwechselbaren Stadtidentität zu verhelfen. Die Identität einer Stadt entsteht aus ihrer Geschichte, wie dies in Städten wie Bamberg, Speyer oder Wittenberg deutlich wird, aus ihrer geographischen Lage, z. B. von Innsbruck oder Kapstadt, aus einzelnen großen Industrieunternehmen, wie z.B. in Essen durch die Firma Krupp, durch einzelne Sportvereine, so z.B. Dortmund durch seinen Fußballverein Borussia Dortmund und schließlich durch kulturelle Aktivitäten, z.B. in Bayreuth oder in Salzburg. Hierbei spielen die Universitäten, etwa in Heidelberg oder in Greifswald eine bedeutsame Rolle. Dazu kommt die identitätsstiftende und imagefördernde Rolle, die Theater und Orchester spielen, z.B. in Leipzig das Gewandhausorchester, in Dresden die Semperoper. Ergänzend kann auf die Bedeutung von Museen und Gebäuden sowie Kirchen verwiesen werden, wie dem Kölner

Dom und das Museum Ludwig, durch die einzelne Städte in besonderer Weise herausgehoben werden, und die sie in das Zentrum einer nationalen und internationalen Öffentlichkeit stellen. Aus dem Zusammenwirken der einzelnen Faktoren ergibt sich das Image einer Stadt.

> Unter dem *Image* verstehen wir die Meinungen und Einstellungen, die sich gegenüber einer Stadt oder Region innerhalb dieser Stadt oder Region wie auch von außen durchgesetzt und entwickelt haben. Es beruht auf objektiven und subjektiven, eventuell auch falschen und stark emotional gefärbten Vorstellungen, Ideen und Gefühlen, Erfahrungen sowie Kenntnissen und stabilisiert sich im Zeitablauf.

Einzelne historische Ereignisse, wie die Potsdam-Konferenz, oder kriminelle Übergriffe, wie in Solingen und Hoyerswerda, können über Jahre hinaus das Image einer Stadt negativ beeinflussen. Ein positiv gefärbtes Image hilft dagegen in diesen Städten über viele aktuelle Schwierigkeiten hinweg, weil diese Stadt und ihre Bewohner und auch die Außenstehenden in ihrer Meinung von einer positiven Grundeinstellung geprägt werden. Oftmals wird für den Imageaufbau ein Slogan in Verbindung mit einer spezifischen Kampagne entworfen, der über viele Jahre aufrechterhalten werden kann:

Dortmund	:	tritt auf in Europa
Aalen	:	eine Stadt, so frisch wie das Leben
Das Osnabrücker Land	:	Raum zum Leben

Abbildung 4: *Beispiele für Städte-Slogans*

Das Image hat Rückwirkungen auf eine Stadt als Wirtschaftsstandort, wobei wir heute sehen müssen, daß in unserer postindustriellen Wirtschaft und Gesellschaft es nicht primär um Industriestandorte und -ansiedlungen geht, sondern verstärkt um die Ansiedlung von Dienstleistungsbereichen, z. B. in Form eines Technologieparks. Bei der Entwicklung einer Marketingkonzeption der Städte muß in der Zukunft verstärkt auf die besondere Bedeutung der Dienstleistungsbereiche geachtet werden. An die Stelle der traditionellen industriellen Struktur der Städte wird in zunehmendem Maße die Dienstleistungskultur von Städten und Gemeinden treten. Das Stadtmarketing muß gerade in diesem Zusammenhang wiederum als ein strategischer Prozeß verstanden werden, der mehrere Planungsebenen berücksichtigen muß. Die Marketingziele der Städte müssen auf der Basis von strategischen Konzepten in Form eines Marketing-Mix konkretisiert werden, das unterschiedliche Marketinginstrumente zu einer Gesamtkonfiguration integriert. Um einen effizienten Umgang mit den zur Verfügung stehenden Ressourcen zu gewährleisten, wird es zudem notwendig, die Planung und die Konzepte des Marketing durch ein geeignetes Controlling kritisch zu beurteilen.

Das positive Image einer Stadt macht diese attraktiv und ruft den Wunsch hervor, dort zu leben und zu arbeiten, aber es führt in der Regel auch dazu, daß die Mieten in einer solchen Stadt mit einem positiven Image erheblich über dem Durchschnitt anderer Städte liegen, wie dies das Beispiel von München zeigt. Die Notwendigkeit, das Image zu beeinflussen, dies nach Möglichkeit zu verbessern, ist eine Aufgabe, die erfahrungsgemäß mit den traditionellen Mitteln von Presse- und Öffentlichkeitsarbeit nicht bewältigt werden kann. Imagepolitik erfordert die Einbeziehung von Marktforschungsunternehmen, von Beratungsfirmen, von Spezialisten für Öffentlichkeitsarbeit, so daß insgesamt eine professionelle Marketingberatung erfolgt. Dazu müssen von den Städten auch entsprechende Budgets zur Verfügung gestellt werden. Diese Forderung wird angesichts des Sparzwanges, unter dem die Städte und Gemeinden stehen, nur schwer zu verwirklichen sein. Solche Budgets sind jedoch für die Städte ebenso notwendig wie für Unternehmen, die unter dem Druck des Weltmarktes stehen.

Die weitere wirtschaftliche, soziale und politische Entwicklung wird bei den Städten und Gemeinden dazu führen, daß die Vielzahl der Marketingaktivitäten das eigentliche Erfolgspotential für die Entfaltung einer Stadtkultur bilden werden. Insofern ist es inzwischen selbstverständlich, daß das Marketing keinen Irrweg für die Städte und Regionen darstellt, sondern eine notwendige Sozialtechnik, die auf der Basis wissenschaftlicher Erkenntnisse und von bewährten und etablierten Forschungsmethoden ihre Praxisanwendung längst in einer Vielzahl von Städten, Gemeinden und Regionen erwiesen hat. Marketing stellt jedoch auch nicht den Stein der Weisen dar, in der Weise, daß durch Marketingaktivitäten alle Probleme der Städte, Gemeinden und Regionen unmittelbar lösbar werden. Stadtmarketing stellt einen zwar sehr wichtigen, aber lediglich partiellen Bereich dar, der insbesondere der politischen Gesamtverantwortung in den Städten zu folgen hat und damit dem sozialen und kulturellen Wertesystem unserer Gesellschaft.

Literaturverzeichnis

American Marketing Association, Marketing News, March 1, 1985, Vol. 19, No. 5, p. 1

Eiteneyer, H., Meissner, H. G., (Hrsg.), Marketing öffentlicher Unternehmen, Dortmund 1978.

Kotler, P., Haider, D., Rein, I., Standort-Marketing, Düsseldorf, Wien, New York, Moskau 1994.

Homann, K., Meissner, H.G., Marketing in Kommunalverwaltungen, Dortmund 1986.

Meissner, H. G., Dienstleistungen als Erfolgspotentiale des Standortmarketing, in: Stadt und Gemeinde 9/1994, S. 371 - 374.

Rabe, H., Süß, W., Stadtmarketing zwischen Innovation und Krisendeutung. Eine Berliner Fallstudie, Berlin 1995.

Marketing für Städte und Regionen -
Modeerscheinung oder Schlüssel zur dauerhaften Entwicklung

Von Michael Bertram

Zum Marketingbegriff

Nimmt man die Zahl der Veröffentlichungen zu einem Thema als Indikator für dessen Bedeutung in der öffentlichen Diskussion, so hat das Thema Marketing für Städte und Regionen in den vergangenen fünf Jahren einen enormen Bedeutungszuwachs erhalten. Dies ist nicht zuletzt darauf zurückzuführen, daß im zunehmenden Wettbewerb der Städte und Regionen professionelles Marketing immer wichtiger wird. Dabei beschränkt sich dieser Wettbewerb der Städte und Regionen nicht einmal auf die nationale Ebene. Er hat vielmehr mit der Öffnung Mittel- und Osteuropas völlig neue Dimensionen angenommen. Aus Sicht der Zielgruppen konkurrieren Städte beispielsweise als Lebensraum, Wirtschaftsstandort, Einkaufs- und Kulturstadt sowie als Erholungsraum.

Immer mehr treten bei diesem Wettbewerb die sogenannten weichen Standortfaktoren in den Vordergrund. Den Städten stellt sich somit die Aufgabe, neben der Wirtschaftskraft auch die Lebensqualität zu erhalten und zu verbessern. Folglich werden besonders die Standortvorteile, die von den regionalen Akteuren beeinflußt werden können, zum Gegenstand von Marketing-Konzepten.

Ziel des Marketings für Städte und Regionen ist es, die Stadt oder Region als Wirtschafts- und Lebensraum und als Ziel für Besucher attraktiver zu machen. Dabei ist das Marketing für Städte und Regionen weit mehr als Werbung und Öffentlichkeitsarbeit. Es umfaßt als langfristiges Führungs- und Handlungskonzept die zielgerichtete Planung, Steuerung und Kontrolle der Beziehungen einer Stadt oder Region mit ihren unterschiedlichen Zielgruppen.

Der Begriff "Stadtmarketing" wird im folgenden als Oberbegriff für Stadt- und Regionalmarketing verwendet. In der Praxis des Marketings für Städte und Regionen sind mindestens ebenso viele Ausprägungen des zugrundeliegenden Marketingbegriffs wie Anwendungsfälle zu registrieren. Die Bandbreite der Begriffsvielfalt erstreckt sich von der Grundfunktion als Stadtwerbung bis hin zu einem ganzheitlichen Marketingverständnis. In vielen Städten wird eine traditionelle Werbepolitik bereits als Marketing bezeichnet (Beispiel: Hamburg, das "Hoch im Norden"). Diese Art des Marketings, bei der eine Stadt mit den bewährten Methoden des Konsumgütermarketings vermarktet wird, ist aus der Sicht einer integrativen Stadtentwicklung uninteressant.

Eine weitere Interpretation des Stadtmarketings bezieht sich auf die Notwendigkeit einer Stadtentwicklung am Markt im Sinne einer Public-Private-Partnership (PPP) als projektbezogene Kooperation. Als Beispiele sind die Zusammenschlüsse von Einzelhandel, Wirtschaftsförderungen und Kammern zu Werbegemeinschaften zu nennen, die Marketing als Stadtwerbung bzw. Citymarketing betreiben. Auch diese Ausprägung des Stadtmarketings läuft zumindest Gefahr, das umfassendere Anliegen einer integrativen Stadtentwicklung zu verdrängen, da Stadtmarketing als PPP primär den Charakter einer Teillösung für begrenzte Aufgabengebiete haben wird.

In einer weiteren Ausprägung des Stadtmarketings wird die Rolle der "Stadt als Unternehmen" in den Mittelpunkt gestellt. Bei dieser Definition erbringt die Stadtverwaltung Leistungen, die im Sinne eines Dienstleistungsmarketings bearbeitet werden sollen. Der Transfer betriebswirtschaftlicher Marketingmethoden beschränkt sich bei dieser Begriffsabgrenzung auf Teilbereiche der städtischen Dienstleistungen, wie z.B. Tourismusförderung, Stadtwerke, Verkehrsbetriebe oder Krankenhäuser. Auch bei diesem Ansatz kann nur partiell von einem ganzheitlichen Marketingkonzept gesprochen werden.

Aus der Erkenntnis, daß die beschriebenen Teilansätze den strukturellen Erneuerungsbedarf städtischer bzw. regionaler Entwicklungspolitik - im Sinne eines "Change Management" - nicht im Kern treffen, wurde eine Neuinterpretation des betriebswirtschaftlichen Marketingansatzes als ganzheitliches Marketingverständnis entwickelt. Bei dieser Interpretation wird "Stadtmarketing als partnerschaftlicher Ansatz für ein kooperatives Handeln aller relevanten Entscheidungsträger in einer Stadt aufgefaßt" [1]. Bei dieser Ausprägung des Stadtmarketings sollen die traditionellen Schwächen der Stadtentwicklungsplanung, insbesondere das Implementationsdefizit, überwunden werden. Letztlich geht es bei dieser ganzheitlichen Form des Stadtmarketing um die Operationalisierung der Stadtentwicklungsplanung durch kooperative Konzeptentwicklung und -umsetzung.

Das Interesse an dieser ganzheitlichen Marketingauffassung ist groß. In der Praxis liegen bisher allerdings wenig Erfahrungen vor. Von einer breiten Anwendung des innovativen Stadtmarketingbegriffs kann noch nicht die Rede sein. Auf dem Weg zu einem umfassenden, ganzheitlichen Stadtmarketing sind folglich noch eine Reihe offener Fragen zu klären, z.B.:

- Wer bestimmt schlußendlich die Leitlinien der Stadt- und/oder Regionalentwicklung?
- Welchen Einfluß hat der Lobbyismus?
- Lassen sich kulturelle, soziale und ökologische Fragen mit Marketingmethoden handhaben?
- Welche Aufgabenteilung ergibt sich zwischen kommunaler und regionaler Entwicklungsplanung und Stadt-/Regionalmarketing?
- Welche Qualifikationen sind auf seiten der "Schlüsselakteure" notwendig?
- Welche Rollen könnten/sollten durch externe Berater übernommen werden?
- Welche Anforderungen werden an das Prozeßmanagement gestellt?
- Wie ist das Verhältnis einer Stadt zu ihrem Umland, gibt es ein Regionalmarketing?
- Wer bezahlt?

Marketing für Städte und Regionen erreicht zunächst einmal die Köpfe der internen und externen Zielgruppen. Es muß also darauf ausgerichtet sein, die Einstellungen und das Wissen tatsächlicher und potentieller Kunden über die Stadt bzw. Region zu beeinflussen. Somit steht am Beginn des Marketingprozesses die Notwendigkeit, sich mit den Beteiligten über das Selbstverständnis einer Stadt oder Region und über die Schwerpunkte künftiger Entwicklungspolitik zu verständigen.

Die Initiative muß von der Verwaltungsspitze ausgehen. Marketing muß für Städte und Regionen Chefsache sein, darf es aber nicht bleiben, wenn es Erfolg haben soll! Es muß durch frühzeitige Information und Diskussion gelingen, bei Verwaltung, Bürgern und Unternehmen eine breite Bewegung in Gang zu setzen, eine "Aufbruchstimmung" zu erzeugen, die nach innen und nach außen wirkt. Wer seine Zielgruppen nicht erreicht, hat keine Chance, Marketing für Städte und Regionen wirksam zu entwickeln und umzusetzen.

Strategische Marketing-Planung

Ein Marketingprozeß läuft prinzipiell in drei aufeinanderfolgenden Phasen (Abb. 1) ab:

1. In der Konzeptphase werden die für eine Strategieentwicklung benötigten Grundlagen zusammengetragen und ausgewertet.
2. Die anschließende Konkretesierungsphase dient der Festlegung der zu verfolgenden Ziele und der Entwicklung einer geeigneten Strategie.
3. In der Realisierungsphase werden konkrete Aktionen und Projekte zur Verbesserung der Attraktivität einer Stadt bzw. Region umgesetzt.

1. Konzeptphase

Ausgangspunkt für die Entwicklung einer Marketingkonzeption ist eine Analyse der Ausgangslage. Einerseits sollen die Chancen und Risiken abgeschätzt werden, die sich aus dem Umfeld ergeben, andererseits soll eine Analyse der Stärken und Schwächen der Stadt bzw. Region Aufschluß über die internen Potentiale geben. Daraus können die Wettbewerbsvorteile und -nachteile einer Stadt bzw. Region erkannt werden.

Mit der Umfeldanalyse werden die exogenen Rahmenbedingungen und deren Auswirkungen auf die künftige Entwicklung einer Stadt untersucht. Dabei stehen folgende Aspekte im Mittelpunkt:

- gesamtwirtschaftliche Entwicklungen;
- Zielgruppen/Zielmärkte;
- Wettbewerber.

Mit der Analyse der gesamtwirtschaftlichen Entwicklungen werden die Megatrends der künftigen gesellschaftlichen Entwicklung und deren Auswirkungen auf das regionale Umfeld betrachtet.

Die Zielgruppenanalyse hat die Ermittlung der Bedürfnisse von Unternehmen, Bürgern und Besuchern zum Inhalt.

Aussagefähige Analysen der Wettbewerber werden bisher auf kommunaler Ebene nur in bestimmten Bereichen (z.B. Einzelhandel) erstellt, sind aber in Zeiten zunehmender groß-

Konzept

Situationsanalyse

Umfeldanalyse	Standortanalyse
- gesamtwirtschaftliche Entwicklungen - Zielgruppen - Wettbewerber	- Strukturanalyse und Standortbeurteilung - Aktivitätenrevision - Servicequalität - Image

Ist-Profil (Stärken/Schwächen, Chancen/Risiken)

Konkretisierung

Zieldefinition
- Leitbild für die zukünftige Stadt-/Regionalpolitik (Visionen und strategische Ziele)
- Marketingziele

Strategieentwicklung
- Zielgruppenauswahl
- Positionierung im Standortwettbewerb
- Handlungsfelder des Stadt-/Regionsmarketing

Realisierung

Projektkatalog Massnahmenplanung
- Wirtschaftsförderung
- Tourismus
- Bildung
- Kultur
- etc.

Umsetzung
- Aktivitäts- und Zeitplanung
- Financial Engineering
- Personelle Verantwortlichkeiten

Controlling
- Erfolgskontrolle (Projektfortschritt, Zielerreichung)
- Follow-up (Ergebnis, Konsequenzen)

Abbildung 1: *Bausteine des Marketings für Städte und Regionen*

und kleinräumiger Standortkonkurrenzen eine wichtige Informationsquelle für die Entwicklung von Marketingstrategien.

Den in der Umfeldanalyse festgestellten Bedürfnissen der Zielgruppen werden die vorliegenden Standortbedingungen gegenübergestellt. Dazu sollte ein Standortprofil entwickelt werden, das die spezifischen Stärken und Schwächen der Stadt bzw. Region ausweist.

Die Standortanalyse wird je nach Schwerpunktsetzung unterschiedliche Ausprägungen aufweisen. Für alle Aktivitäten mit Stoßrichtung Wirtschaftförderung sollten sowohl eine Strukturanalyse (Branchen, Entwicklungspotentiale) als auch eine Standortbeurteilung durchgeführt werden.

In einer Aktivitätenrevision der kommunalen bzw. regionalen Verwaltung muß eine kritische Analyse und Bewertung der bisherigen Planungen in den wichtigsten Bereichen (Stadt-/Regionalentwicklung, Wirtschaftsförderung, Fremdenverkehr, Umweltschutz, Kultur/Soziales, Bildung, regionale Kooperation) erfolgen.

Grundvoraussetzung für erfolgreiches Marketing für Städte und Regionen ist ein bürger- und kundenorientiertes Verhalten der Verwaltung und der anderen öffentlichen Institutionen. Auf der Grundlage einer Analyse der Servicequalität einzelner städtischer Institutionen läßt sich der Handlungsbedarf in diesem Bereich ableiten.

Ein wichtiger Bestandteil einer Stärken-Schwächen-Analyse ist die Ermittlung des Bekanntheitsgrades und des Images bei unterschiedlichen Zielgruppen. Das Image einer Stadt bzw. Region setzt sich aus vielfältigen (Vor-)Urteilen zusammen, die nur schwer verändert werden können. Als Informationsinstrumente stehen Image-Analysen zur Verfügung, die differenziert nach Zielgruppen durchgeführt werden müssen.

Aus der Zusammenführung von Umfeld- und Standortanalyse läßt sich ein Ist-Profil der Stadt bzw. Region erstellen. Die Darstellung von Chancen und Risiken sowie Stärken und Schwächen dient zugleich als Ausgangspunkt für die Ableitung eines umfassenden Leitbildes für die Stadt bzw. Region.

2. Konkretisierungsphase

Zieldefinition

Mit dem Leitbild sollen die Visionen einer Stadt bzw. Region definiert und dokumentiert werden. Es beantwortet die Fragen: "Was wollen/können wir sein, wo wollen wir hin?"

An den Visionen müssen alle an der aktiven Gestaltung der Zukunft der Stadt bzw. Region interessierten Gruppen mitarbeiten. Dabei sollten sie sich an der Ausgangslage und an den Potentialen der Zukunft orientieren. Visionen sollten

- prägnant formuliert sein,
- die angestrebten Ziele benennen und
- realisierbar sein.

Die Visionen müssen in strategische Ziele für die künftige Entwicklungspolitik umgesetzt werden, aus denen wiederum konkrete Marketingziele abgeleitet werden müssen.

Strategieentwicklung

Nach der Festlegung der Ziele werden strategische Stoßrichtungen für den Einsatz der Instrumente des Stadtmarketings formuliert. Hierbei ist es wichtig, Prioritäten zu setzen und nicht den Anspruch zu erheben, "alles für Alle" sein zu wollen. Dazu müssen die relevanten Zielgruppen möglichst präzise eingegrenzt werden.

Für die Zielgruppenauswahl müssen diejenigen Marktsegmente ausgewählt werden, bei denen die größte Übereinstimmung zwischen Standortanforderungen/Bedürfnissen und dem Standortprofil herrscht:

- Für die Wirtschaftsförderung ist entscheidend, diejenigen Wirtschaftsbereiche zu entwickeln und akquisitorisch zu bearbeiten, die die wirtschaftlichen Strukturen sinnvoll ergänzen und durch eine überdurchschnittliche Wachstumsdynamik zusätzliche Impulse erzeugen können.

- Im Bereich Tourismus und Besucher ergeben sich je nach Ausgangssituation der Stadt unterschiedliche Zielgruppenschwerpunkte (z.B. Tagungsgäste, Familien).

- Bei den Bürgern kann auftragsgemäß keine bevorzugte Behandlung einzelner Gruppen erfolgen; hier findet keine Zielgruppenauswahl, sondern allenfalls eine Segmentierung in Anspruchsgruppen statt.

Auf der Grundlage des Leitbildes und der Zielgruppenauswahl kann die Positionierung der Stadt bzw. Region im Wettbewerbsumfeld vorgenommen werden. Mit der Positionierung sollen Aspekte und Standortvorteile herausgestellt werden, die eine Stadt bzw. Region gegenüber Mitbewerbern klar auszeichnen. Mit der Positionierung sollte versucht werden, eine "unique selling proposition" (USP) zu definieren, die als Ansatzpunkt für die Kommunikation der Stadt bzw. Region genutzt werden kann.

Stadt-/Regionalmarketing muß seinen Ausdruck in einer gemeinsamen Identität nach innen und außen finden. Analog zur Corporate Identity (CI) auf Unternehmensebene kann man von einer städtischen oder regionalen Identität oder City Identity (CI) bzw. Regional Identity (RI) sprechen. Damit wird das Selbstverständnis einer Stadt bzw. Region nach innen und außen auf der Basis eines definierten Images, einer festgelegten Philosophie und Zielsetzung in einer einheitlichen Form bezeichnet.

Die schematische Darstellung dieser Struktur bildet das "Identitäts-Mix" einer Stadt bzw. Region. Im Mittelpunkt steht die Stadt bzw. Region als dynamischer Kern, dem als Instrumente Erscheinungsbild (City/Regional Design), Verhalten (City/Regional Behaviour) und Kommunikation (City/Regional communications) zur Verfügung stehen.

CI-Programme sind allerdings nur wirkungsvoll, wenn sie sich nicht im Formalen erschöpfen. Entscheidend für den Erfolg der "städtischen/regionalen Identität" ist das konkrete Verhalten der Mitglieder der Verwaltung. Wird einem gut gestalteten visuellen Erscheinungsbild und einer professionellen Zielgruppenansprache durch das konkrete Handeln nicht entsprochen, sind Irritationen die Folge.

Die Strategieentwicklung wird mit der Festlegung der prioritären Handlungsfelder für das Stadt- bzw. Regionalmarketing festgelegt, die es dann mit Hilfe des Marketing-Mix in konkrete Maßnahmen umzusetzen gilt.

3. Realisierungsphase

Projektkatalog Maßnahmenplanung

Wenn die wesentlichen Vorarbeiten geleistet sind, müssen die Strategien des Stadt- bzw. Regionalmarketings mit einem aufeinander abgestimmten Marketing-Mix umgesetzt werden.

Erfahrungsgemäß liegt der Schwerpunkt möglicher Aktivitäten in den Bereichen Produkte und Kommunikation, wobei klar ist, daß nicht nur öffentliche Leistungen allein das "Produkt" Stadt oder Region bilden. Vielmehr spielen u.a. auch Preis- und Leistungsniveau von Handel und Gewerbe sowie weitere Faktoren eine Rolle.

Die Produktpolitik bildet den eigentlichen Kern der Marketingstrategie. Dabei zeigen sich die einzelnen Facetten des "Produkts" Stadt oder Region sehr viel differenzierter als bei Konsumgütern und werden von den Anspruchsgruppen auch recht unterschiedlich wahrgenommen.

Für die Zielgruppe Unternehmen muß das gesamte Spektrum der Standortfaktoren bedarfsgerecht weiterentwickelt werden (z.B. Standortangebote, technische Infrastruktur, private und öffentliche Dienstleistungen). Die möglichen Handlungsfelder im Hinblick auf die Zielgruppen Bürger und Besucher sind vielfältig (z.b. Attraktivität der Innenstadt, Erscheinungsbild, Bürgernähe).

Stadt- bzw. Regionalmarketing hat somit einen Anstoßeffekt für weite Bereiche der Stadt- bzw. Regionalpolitik. Ziel sollte es sein, Angebote und Leistungen herauszuheben, mit denen sich die Stadt bzw. Region bei den Zielgruppen möglichst deutlich von Mitbewerbern unterscheiden kann. Vermieden werden sollte, die "zentrale Lage im Herzen Europas" oder den "freundlichen Standort im Grünen" als herausragendes Merkmal zu unterstreichen, weil diese Attribute allzu häufig von Städten und Regionen für sich reklamiert werden.

Umsetzung

Das Maßnahmenprogramm zur Umsetzung der erarbeiteten Strategien und Instrumente umfaßt im einzelnen:

- Definition und Beschreibung umsetzungsfähiger Projekte;
- Festlegung von Verantwortlichkeiten;
- Verpflichtung der Akteure (insbesondere der Projektpromotoren);
- Finanzierungsstrategien;
- Zeit- und Projektplanung.

Mit der Realisierung erster Projekte sollte möglichst umgehend begonnen werden. Durch vorzeigbare Erfolge wird eine nicht zu unterschätzende Signalwirkung erzeugt und die Akzeptanz in der Öffentlichkeit für das "Projekt Stadt- bzw. Regionalmarketing" gefördert.

Controlling

Eine laufende Erfolgskontrolle dient zum einen der Überprüfung der Zielerreichung laufender Projekte, liefert zum anderen aber auch Hinweise auf notwendige Modifikationen des

Gesamtkonzeptes. Dabei kommt es darauf an, Stadt- bzw. Regionalmarketing nicht nur als zeitlich befristetes Projekt zu betrachten, sondern in bestimmten Zeitabständen die erreichten Fortschritte mit den sich verändernden Rahmenbedingungen zu vergleichen und zu überprüfen, ob sich hieraus für das Marketing neuer Handlungsbedarf ergibt.

Organisation des Marketing für Städte und Regionen

Ein Marketingkonzept kann seine Ziele nur erreichen, wenn es die Interessen aller wichtigen Zielgruppen berücksichtigt. Im Gegensatz zu einem Unternehmen kann sich eine Stadt bzw. Region ihre Zielgruppen nicht - oder zumindest nur zu einem sehr geringen Teil - auswählen. Das zentrale Problem besteht somit darin, die unterschiedlichen Interessen und Anforderungen der Zielgruppen auf einen gemeinsamen Nenner zu bringen. Damit es nicht beim "kleinsten gemeinsamen Nenner" bleibt, kommt der Organisation des gesamten Prozesses eine Schlüsselfunktion zu.

Eine auf alle Städte übertragbare Patentlösung kann es nicht geben, wohl aber einige allgemeingültige Grundsätze mit zahlreichen Gestaltungsmöglichkeiten. Als Grundmodell hat sich eine zweigliedrige Form mit den Bestandteilen

- Projektleitung mit Lenkungsgruppe
- Arbeitsgruppe(n)

entwickelt.

Bei der Zusammenstellung der Lenkungsgruppe sollte im Interesse der Arbeitsfähigkeit eine Mitgliederzahl von 15 bis 20 nicht überschritten werden. In diesem Gremium sind alle wichtigen Gruppen der Stadt bzw. Region vertreten, die wesentliche Träger des Marketingprojektes sind.

Neben einer Festlegung der grundsätzlichen Ziele werden in der Lenkungsgruppe wesentliche Grundsatzentscheidungen sowie Entscheidungen über einzelne Projektschritte gefällt.

Zu ausgewählten Schwerpunktthemen empfiehlt sich die Bildung von Arbeitsgruppen. Anzahl, Besetzung und Größe hängen von den jeweiligen Maßnahmen und Handlungsfeldern ab. Hinsichtlich der Zusammensetzung sollte der Grundsatz der Offenheit für alle interessierten Gruppen und ggf. auch Einzelpersonen gelten. Wesentlich für den Arbeitserfolg wird sein, ob es gelingt, eine "Streitkultur" für den Umgang mit Gegensätzen zu entwickeln.

In vielen Fällen erfolgt die Entwicklung eines Stadt- bzw. Regionalmarketings unter Hinzuziehung eines externen Beratungsunternehmens. Externe Berater können als Fachexperten inhaltliche Vorarbeiten leisten (z.B. Marktforschung, Umfeld- und Standortanalyse), aber auch als Prozeßexperten (Moderatoren) den notwendigen Ausgleich zwischen den Beteiligten herstellen.

Die Projektleitung sollte bei einer kommunalen bzw. regionalen Stelle liegen und kann ggf. auch in Kooperation mit einem externen Berater erfolgen.

Für die Wahl der Rechtsform gibt es in der Praxis des Stadtmarketings die folgenden Alternativen:

- Zusammenarbeit auf Basis einer mündlichen Vereinbarung (z.B. Arbeitskreis Stadtmarketing);
- Zusammenarbeit auf Basis einer rechtlich klar definierten Organisationsform (z.B. Verein, BGB-Gesellschaft) in Abhängigkeit der vorgesehenen Aktivitäten;
- Gründung einer GmbH mit der Folge einer ausgeprägten Professionalisierung des Stadt- bzw. Regionalmarketings.

Der organisatorische Ablauf hängt wesentlich von der gewählten Organisationsform ab. Die Ausgestaltung der Ablauforganisation ist von zentraler Bedeutung, um sowohl die Entscheidungsfindung als auch die Umsetzung konkreter Maßnahmen effizient zu gestalten.

Als Bausteine für die organisatorische Durchführung stehen moderierte Workshops mit dazwischen liegenden Analysen und Konzeptionsphasen zur Verfügung. Die notwendigen vorbereitenden Analysen und Konzeptionen können vom Berater oder von den jeweiligen Arbeitsgruppen durchgeführt werden.

Im Ergebnis liegt ein umsetzbares, tragfähiges und mit den wichtigen Zielgruppen abgestimmtes Marketing-Konzept für die Stadt bzw. Region vor. Verwaltung, Wirtschaft und Bürger verfügen damit über eine mittelfristige Grundlage für die gemeinsame Gestaltung des Profils ihrer Stadt bzw. Region.

Schritte zu einem Marketingkonzept

Wenn der politische Wille zu einem Marketing für eine Stadt oder eine Region bekundet wurde, so wird häufig in der Diskussion über einen Standort das Fehlen einer Gesamtschau, einer Verknüpfung unterschiedlichster Aktivitäten zur künftigen Stadt- und Regionalentwicklung festgestellt. Ein Marketingkonzept kann einen wesentlichen Beitrag zu einer integrativen Behandlung wichtiger Fragen der Zukunftsgestaltung liefern. Hierzu müßten insbesondere die folgenden Fragen beantwortet werden:

- Welcher Marktbegriff soll zugrunde gelegt werden (Stadtwerbung, PPP in Teilbereichen, ganzheitliches Marketingverständnis)?
- Wer sind die beteiligten Akteure?
- Welche vorbereitenden Aktivitäten sind erforderlich, wie wird der Prozeß angestoßen und durch wen?
- In welchen Strukturen läuft ein Marketing für eine Stadt oder eine Region ab?
- Welche räumliche Abgrenzung liegt dem Marketingprozeß zugrunde?

Die Beantwortung dieser zentralen Fragen kann nicht am grünen Tisch erfolgen. Die weitere Ausgestaltung bleibt somit vertiefenden Gesprächen mit den potentiellen Schlüsselakteuren eines städtischen oder regionalen Marketing vorbehalten. Aus unserer Sicht wäre ein ganzheitlich gefaßter Marketingbegriff einem eher auf Teilbereiche bezogenen Marketingbegriff vorzuziehen. Bezüglich der räumlichen Abgrenzung wäre aus strategischer Sicht mit Blick auf den europäischen Standortwettbewerb sicherlich die Agglomeration eine optimale Bezugsebene.

Als vorbereitender Schritt könnte auf der Grundlage erster grundsätzlicher Überlegungen mit einer Vorbereitungsphase begonnen werden, die die wesentlichen Entscheidungsgrund-

lagen für den Einstieg in einen eigentlichen Marketingprozeß erarbeiten soll. Wesentliche Bestandteile einer solchen Vorbereitungsphase wären:
- die Bildung einer Task Force zur weiteren Vorbereitung eines Marketingprozesses,
- Erstellung eines Fragekatalogs,
- Sondierungsgespräche mit potentiellen "Schlüsselakteuren" in Politik und Verwaltung auf der Grundlage eines Gesprächleitfadens, der aus dem Fragenkatalog erstellt wird.

In der Praxis sind äußerst unterschiedliche Formen des Marketings für Städte und Regionen zu beobachten. Sie sind Ausdruck der verschiedenen Problemstellungen und Rahmenbedingungen der jeweiligen Städte bzw. Regionen. Eine "Lösung von der Stange" kann und darf es nicht geben. Vielmehr müssen - unter Beachtung der wichtigsten Grundsätze - stets individuelle Lösungen für die spezifischen Bedingungen vor Ort entwickelt werden.

Marketing kann ein konsistentes Management nicht ersetzen - es ist vielmehr ein wichtiger Bestandteil. Sicherlich vermag Stadt- bzw. Regionalmarketing nicht die Komplexität und Pluralität der Interessen innerhalb einer Stadt bzw. Region aufzulösen. Es stellt jedoch als ganzheitlicher Ansatz die kommunalen Entscheidungen auf eine breitere Basis und trägt somit entscheidend zur Konsensbildung innerhalb einer Stadt bei. Es ist die Aufgabe der Verwaltungsspitze, diesen Stein ins Rollen zu bringen.

Obwohl in der heutigen Praxis des Marketings für Städte und Regionen von einer breiten Anwendung eines ganzheitlichen Marketingbegriffs noch nicht die Rede sein kann, läßt sich die eingangs gestellte Frage dennoch eindeutig beantworten: Auf der Grundlage einer innovativen, ganzheitlichen Marketingauffassung stellt Marketing einen wichtigen Schlüssel zur nachhaltigen Entwicklung von Städten und Regionen dar!

Anmerkungen

1   Helbrecht, Ilse: Stadtmarketing - Konturen einer kommunikativen Standtentwicklungspolitik. Stadtforschung aktuell, Band 44, Basel 1994, S. 87.

Dieser Beitrag basiert auf einem Vortrag, der anläßlich der 7. Tagung für Regionalforschung und Geographie vom 17. bis 20. Oktober 1994 in Wien gehalten wurde.

Teil II:

Fallbeispiele zum Stadtmarketing

Stadtmarketing -
eine Herausforderung für die Wirtschaftsförderung?
Fallbeispiel Bergisch Gladbach

Von Martin Westermann

Einleitung

Als Ergänzung zur bereits vorgestellten Theorie soll nun ein praktisches Fallbeispiel vorgestellt werden: Stadtmarketing Bergisch Gladbach.

Stadtmarketing-Projekte sind individuelle Projekte, daher sind einige Grundinformationen über die Stadt Bergisch Gladbach notwendig.

Bergisch Gladbach wurde 1975 im Zuge der kommunalen Neubildung aus den beiden Mittelstädten Bensberg und Bergisch Gladbach zu einem neuen Mittelzentrum zusammengelegt. Drei Ortsteile mit zusammen ca. 106.000 Einwohnern haben sich bis heute herausgebildet.

Bergisch Gladbach ist eine Kreisstadt in der Ballungszone Köln. Sie liegt auf den auslaufenden Rheinterrassen im Anstiegsbereich des Bergischen Landes.

Die Wirtschaft ist von jeher stark mittelständisch geprägt. Bekannte Unternehmensbeispiele sind:

- die Zanders Feinpapiere AG,
- die Lebensmittelwerke Krüger Instant und
- der Verlag Bastei Lübbe.

Die Papierindustrie ist bereits seit dem Mittelalter hier ansässig. Bergisch Gladbach ist außerdem ein sehr bevorzugter Wohnstandort (mit den höchsten Grundstückspreisen in Nordrhein-Westfalen!), da die Stadt sehr grün und von der Natur des Bergischen Landes umgeben ist. Viele Menschen, die in Köln arbeiten, wohnen in Bergisch Gladbach.

Eine gute Verkehrsanbindung ist vorhanden. Es gibt drei Autobahnanschlüsse, allerdings nur zur A 4. Die Verbindung zur A 3 ist problematisch.

In den drei großen Ortsteilen sind jeweils Einzelhandelszentren entstanden, die seit 1975 verstärkt miteinander konkurrieren. Heute macht sich außerdem eine zunehmende Konkurrenz zu Nachbarstädten, wie Siegburg und Leverkusen bemerkbar.

Entwicklung und Organisation des Stadtmarketings Bergisch Gladbach

Das Projekt Stadtmarketing wurde im Herbst 1990 erstmals von den Einzelhändlern der Stadt diskutiert. Im Juni 1991 fiel der Beschluß des Rates und damit die Entscheidung für das Stadtmarketing.

Es folgte die Beauftragung eines externen Moderators für den Bereich Methodik und Know-how. Der externe Moderator war wichtig für die anfänglich notwendige Überzeugungsarbeit.

Als Grundlage zur Motivation wurde 1991 eine Auftaktveranstaltung durchgeführt, an der etwa 350 Personen teilnahmen, die das öffentliche Leben in Bergisch Gladbach maßgeblich mitgestalten. Das Ergebnis dieser Veranstaltung war die Einrichtung eines Lenkungsausschusses. Dieser Kreis mit ca. 40 Personen erwies sich jedoch für das Ziel einer effizienten Arbeit im Arbeitskreis als zu groß.

Daran schloß sich die Gründung von fünf Facharbeitskreisen mit verschiedenen Interessenvertretern an: Kommunales Management, Sport und Kultur, Umwelt und Stadtgestaltung, Wirtschaft und Verkehr, Jugend und Soziales.

Die Monate Juli 1992 bis Februar 1993 waren vom starken Engagement der Arbeitskreise geprägt. Etwa 80 Personen haben in ca. 1.000 Personenstunden die Stärken und Schwächen ihrer Stadt auf dem jeweiligen Fachgebiet herausgearbeitet und Zielvorstellungen für ihre Stadt entwickelt. Begleitend wurde ein Basisarbeitskreis gegründet, der mit den Amtsleitern der Querschnittsämter besetzt war, und der die Aufgabe hatte, die verschiedenen Veranstaltungen zu koordinieren.

Am 25.08.1993 fand die Abschlußveranstaltung des Lenkungsausschusses statt: Aus der Stärken-Schwächen-Analyse und der Maßnahmenformulierung war ein Handbuch entstanden. Ende 1993 nahm der Rat das Handbuch an und beschloß die Umsetzung der aufgeführten Maßnahmen.

Mitte 1994 wurde ein Marketingbeirat als Instrument zur Erfolgskontrolle eingerichtet.

Im Herbst 1994 fand die konstituierende Sitzung statt. Gleichzeitig wurde ein verwaltungsinterner Arbeitskreis gegründet, der als "Dienstleister" dem Beirat zuarbeitet, die Einzelprojekte betreut und die gesamte Umsetzung begleitet. Die Arbeitsmitglieder verstehen sich als die "Projektkümmerer" und u.a. als Initiatoren neuer Projekte.

Im Mai 1995 tagt der Marketingbeirat erneut und informiert sich über den Stand der Umsetzung.

Das Stadtmarketing-Handbuch

Die Ergebnisse der Stärken-Schwächen-Analyse (Probleme und Potentiale) wurden den einzelnen Handlungsfeldern zugeordnet. Dabei sind die Inhalte systematisiert und zusammengefaßt worden, damit die wesentlichen Erkenntnisse deutlich wurden. Basis für die Analyse waren Auswertungen von Gutachten und die Befragungen von verschiedenen Schlüsselpersonen (Abb. 1 und 2).

Nach dieser Analyse erfolgte die Zieldiskussion:

Ein einheitliches Bild, wie die Stadt im Jahr 2000 aussehen soll, konnte nicht entwickelt werden. Daher erfolgte die Definition von Oberzielen und den dazugehörigen Unterzielen.

Lfd. Nr.	Problem	Handlungs feld
4	Fehlende Bürgernähe der Stadtverwaltung - Unzureichende Information und fehlende Gesamtübersicht über Verteilung zahlreicher Dienststellen auf verschiedene Gebäude - Mangelhafte Hinweistafeln innerhalb der Gebäude - Schlechte räumliche Ausstattung einzelner Ämter und daraus folgende schlechte Servicevoraussetzungen - Fehlende Transparenz und Beteiligung im Vorfeld der Planung - Fehlendes Auskunfts- und Beratungsangebot bei ämterübergreifenden Bürgerproblemen	1
5	Defizite in der Stadtgestaltung - Die Umgestaltung des Konrad-Adenauer-Platzes - Das Buchmühlengelände mit den Altbauten der Hauptschule Buchmühle und der Realschule - Die Umgebung des Busbahnhofes, die alles andere als eine Visitenkarte für die Stadt ist - Die Fußgängerzone Bensberg, der Rathausvorplatz und die Umgebung des Rathauses Bensberg, die heute nur eine Blechwüste sind - Das Gebiet Siebenmorgen in Refrath	9
6	Schlechte und/oder fehlende Anbindungen der Gewerbegebiete an das regionale und überregionale Verkehrsnetz	8/10
7	Zäher Informationsfluß innerhalb der Verwaltung durch Dezentralisierung und räumliche Trennung zahlreicher Dienststellen	1

Abbildung 1: *Handlungsfelder*

Lfd. Nr.	Potential	Handlungsfeld
1	Innen-Image: - hoher Wohnwert - Naherholungsbereiche - Sportfreudigkeit	2
2	Hohe Qualität als Wohnstandort	6
3	Papierindustrie, Verlagswesen, Hochtechnologie	2/8
4	Attraktive Lage zu Köln als Imagefaktor	2
5	Ausgleichs- und Naherholungsfunktion der Stadt (Königsforst und Hardt)	5/9
6	Hervorragende Ausprägung "weicher" Standortfaktoren (z.B. Kultur, Sport, Freizeit, Naherholung, Umwelt)	8
7	Hoher Anteil an Landschafts- und Naturschutzgebieten	11
8	Günstige Lage in der Ballungsrandzone Köln: Bergisch Gladbach profitiert von der Verkehrsanbindung des Oberzentrums	10

Abbildung 2: *Potentiale*

Durch eine Reduzierung der Schwächen und eine Nutzung der vorhandenen Potentiale sollen die vorher definierten Ziele erreicht werden (Abb. 3).

Oberziele:

- Erhaltung bzw. Stärkung der Wirtschaftskraft in Bergisch Gladbach unter Berücksichtigung von Ökologie und Ökonomie zur langfristigen Sicherung von Arbeitsplätzen

- Stärkung der Kaufkraftbindung in Bergisch Gladbach

- Verbesserung der Identifikation der Bürgerinnen und Bürger mit der Gesamtstadt

- Bedingungen für die Mobilität der Bürgerinnen und Bürger sowie der Wirtschaft verbessern unter Berücksichtigung von Ökologie und Ökonomie bei gleichzeitiger Reduzierung der negativen Auswirkungen des Verkehrs

- Öffentlichkeitsarbeit zum Zwecke einer bewußten Verkehrsmittelwahl

Unterziele:

- Pflege und Betreuung des Gewerbebestandes mit dem Ziel einer Erhaltung bzw. Erweiterung des Bestandes

- Verbesserung der Wirtschaftsstruktur durch Akquisition von neuen Betrieben aus Wachstumsbranchen (z.B. Dienstleister, High-Tech-Betriebe)

- Belebung der Innenstadtbereiche auch nach Geschäftsschluß

- Attraktive Gestaltung der Innenstadtbereiche

- Sicherstellung der Nahversorgung in den Wohnbereichen

Abbildung 3: *Facharbeitskreis IV - Wirtschaft und Verkehr*

IV.10	**Stadtfeste**
Anlaß	Im Bereich Handel und Dienstleistungen ist eine Stärkung der Kaufkraftbindung in Bergisch Gladbach von zentraler Bedeutung. Darüber hinaus soll die Identifikation der Bürgerinnen und Bürger mit der Gesamtstadt verbessert werden. Wichtige Ansatzpunkte hierzu sind eine attraktive Gestaltung der Innenstadtbereiche und deren Belebung nach Geschäftsschluß.
Beschreibung	Es wird in der heutigen Zeit häufig bemängelt, daß die unterschiedlichen Stadtteilfeste in Bergisch Gladbach und die sonstigen Veranstaltungen in der Region trotz ihrer traditionellen Verankerung sich immer ähnlicher werden und es somit leicht zu Sättigungstendenzen und einer geringen Attraktivität kommen kann. Aus den genannten Gründen sollen derartige Veranstaltungen in Bergisch Gladbach zukünftig zeitlich aufeinander abgestimmt (z.b. gemeinsamer Veranstaltungskalender) und die ursprünglichen Anlässse und Bräuche stärker hervorgehoben werden. Auch im Bereich der Gastronomie soll auf eine stärkere Diversifizierung geachtet werden. Der lokale Charakter soll u.a. durch eine Beteiligung von örtlichen Vereinen mit originellen Ideen sichergestellt werden. Insgesamt wird eine Unterscheidung von den Festen in anderen Städten angestrebt, so daß ein unverwechselbarer Eindruck entsteht.
Beteiligte (Federführung fett)	**Interessengemeinschaften des Einzelhandels**, Handwerkerschaft, Hotel- und Gaststättenverband, Einzelhandelsverband, Stadt Bergisch Gladbach
Ansprechpartner in der Verwaltung	Amt für Liegenschaften und Wirtschaftsförderung (Amt 23)
Umsetzungsaspekte Stand: Aug 93	Finanzierung Realisierungsbeginn [ ] öffentlicher Haushalt [x] kurzfristig [x] private Finanzierung [x] mittelfristig [x] public-private-partnership [ ] langfristig

Abbildung 4: *Beispiel für eine Maßnahmenbeschreibung*

Nach der Stärken-Schwächen-Analyse und der Zieldiskussion wurde die Fortführung des Marketing-Projektes in eigener Regie übernommen, da die Erarbeitung von konkreten Maßnahmen und deren spätere Umsetzung nur durch lokale Akteure zu leisten waren. Die Nutzung des endogenen Potentials (engagierte Bürger) stand jetzt im Vordergrund.

An die Verwaltung wurde die Frage herangetragen, ob sie die Erstellung eines "Handbuches" übernehme. Das Handbuch sollte die Vorgehensweise und die erforderlichen Maßnahmen, die bis dahin erarbeitet worden waren, dokumentieren. Die Abteilung Wirtschaftsförderung im Amt für Liegenschaften und Wirtschaftsförderung übernahm diesen Auftrag.

Wie er umgesetzt wurde, macht das folgende Beispiel für ein Projekt aus dem Arbeitskreis "Wirtschaft und Verkehr" deutlich (Abb. 4):

Einige grundsätzliche Gedanken zur Diskussion und Beschreibung von Maßnahmen:

1. Die finanzielle "Schere im Kopf" soll zunächst unberücksichtigt bleiben. Es sollte diskutiert werden, was notwendig ist, ohne direkt die finanziellen Hemmnisse mit einzubeziehen.

2. Auf Vorschläge der Art: "Unsere Stadt soll schöner werden" sollte verzichtet werden.

Stattdessen müssen faßbare und konkrete Vorschläge erarbeitet werden. Ein Beispiel: "Der Bereich hinter dem Rathaus soll gestalterisch verbessert werden. Vordringlich sind Arbeiten unmittelbar neben dem Museumsgebäude.

Insgesamt wurden ca. 60 Maßnahmen für das Handbuch erarbeitet. Für jede einzelne Maßnahme wurde eine Projektskizze erstellt, mit der Stärken-Schwächen-Analyse als Grundlage, verbunden mit der Nennung eines Ansprechpartners, für alle die, die das Handbuch lesen und spontan mitmachen möchten. Die Finanzierung und der Realisierungsbeginn wurden als Umsetzungsaspekte ebenfalls aufgenommen.

Sachstand

Verschiedene Projekte wurden bereits realisiert. Die Interessengemeinschaften von Bergisch Gladbach schlossen sich beispielsweise zu einem Interessenverband zusammen. Anstelle der früher konkurrierenden Werbeveranstaltungen werden nun gemeinsame Kampagnen unternommen.

Ferner wurde ein Slogan von ehrenamtlich tätigen Werbefachleuten aus Bergisch Gladbach erarbeitet, der nun von Verwaltung und Wirtschaft auf verschiedene Art und Weise genutzt wird (Abb. 5).

Weiterhin wurden Round-table-Gespräche zur Kunst in Bergisch Gladbach eingerichtet. Ein Jugendkulturfestival oder die Ansiedlung der Fachhochschule für Wirtschaft wurde konzipiert und die Realisierung in Angriff genommen.

Das Rheinisch-Bergische-Technologie-Zentrum wurde gegründet und im Technologie-Park Bergisch Gladbach angesiedelt.

Die Liste ließe sich weiter fortführen. Ein detaillierter Sachstandsbericht zur Fortschreibung des Handbuchs ist für die nächste Sitzung des Marketingbeirats in Vorbereitung.

Abbildung 5: *Slogan der Stadt Bergisch Gladbach*

Kernpunkte für die Realisierung von Stadtmarketing

Die wichtigsten Aspekte für die praktische Durchführung und Umsetzung von Stadtmarketing aus der Sicht Bergisch Gladbachs lauten:

- Frühzeitige Einbindung der Politik; die Mehrheit im Lenkungsausschuß, in den Facharbeitskreisen und im Beirat hat aber die Bürgerschaft.
- Die Politik akzeptiert die Ergebnisse in Form von Empfehlungen. Es entsteht keine "Nebenregierung". Die Entscheidungskompetenzen werden nicht angetastet.
- Stadtmarketing ist mit einem enorm hohen Betreuungsaufwand verbunden, dem nur ein schmaler Personaleinsatz gegenübersteht. Das ist problematisch.
- Eine verantwortliche Stelle muß gefunden werden, die die Ansprech- und Motorfunktion übernimmt; es muß einen "Kümmerer" geben.
- Projekte und Maßnahmen mussen so konkret wie möglich sein.
- Der prozeßhaft Charakter von Stadtmarketing muß sichtbar sein (Ringbuch, Aktualisierungdienst, etc.).
- Bürgerbefragungen und City-Check zeigen Problemfelder auf. Breitere Öffentlichkeitsarbeit ist das Ziel.
- Bürger, Vereine und Verbände können und sollen Vorschläge für neue Projekte machen. Dies wird von der Verwaltung durch Handzettel, Presseartikel und Anschreiben angeregt.
- Eine Erfolgskontrolle findet durch den Marketing-Beirat statt. Seine Sitzungen sind nicht öffentlich (Fensterredner). Zu den Ergebnissen der Beiratssitzungen geben der Vorsitzende und der Chef der Verwaltung Presseerklärungen ab.
- Eine wichtige Voraussetzung ist die Überzeugung und ständige Einbindung von Kollegen in der Stadtverwaltung.
- In den Rats- und Ausschußvorlagen sollen stadtmarketingrelevante Dinge deutlich markiert werden (z.B. farbig).

Schlußbemerkung

Die Frage dieser Tagung lautet: Ist Stadtmarketing ein "Irrweg" oder der "Stein der Weisen"?

Für Bergisch Gladbach ist es weder das eine noch das andere. Auf jeden Fall bedeutet es mehr als ein reines Standortmarketing, mehr als eine reine Standortentwicklung. Insgesamt ist die oftmals propagierte Definition einer Stadt als "Produkt" sehr problematisch, da nur Teilaspekte berücksichtigt werden können.

Für Bergisch Gladbach ist Stadtmarketing die Entwicklung einer neuen Kommunikationsbasis; es haben sich neue Netzwerkstrukturen gebildet. Dies bedeutet die Aktivierung einen großen Potentials. Man könnte Stadtmarketing daher auch als "Stadtmoderation" im Sinne einer neuen Kommunikationsform bezeichnen!

Es handelt sich bei Stadtmarketing um einen ganzheitlichen Ansatz, bei dem nicht nur wirtschaftliche Aspekte im Vordergrund stehen, die weichen Standortfaktoren, das Sich-Wohlfühlen in allen sozialen, kulturellen, umweltrelevanten Bereichen, gehören auch dazu. Stadtmarketing ist nie sektoral begrenzt, da sonst Chancen vergeben werden, z.B. in den Handlungsfeldern Kunst und Sport.

Stadtmarketing ist auch nicht allein Verwaltungsmarketing, sondern es umfaßt gleichberechtigt

- Standortmarketing
- Verwaltungmarketing und
- City-Marketing.

Stadtmarketing hat immer die Komponenten Binnen- und Außenwirkung. In Bergisch Gladbach beträgt der Anteil der Binnenwirkung ca. 80 - 90 %. Der Wunsch nach äußerer Vermarktung ist bei Kommunen mit Fremdenverkehr oder mit großen Gewerbegebieten sicherlich stärker ausgeprägt.

Über Stadtmarketing wurde gesagt: "Der Weg ist das Ziel." Besser kann man die Prozeßhaftigkeit auf der Grundlage eines ständig weiter zu entwickelnden Konzeptes nicht beschreiben.

Zum Abschluß möchte ich in bezug auf das Thema festhalten, daß Stadtmarketing für die Wirtschaftsförderung in Bergisch Galdbach auf jeden Fall eine große Herausforderung war und aufgrund der Prozeßhaftigkeit auch weiterhin ist.

"Runder Tisch Bonn-Bad Godesberg"

Von Rolf Beyer

Vorgeschichte

Am Geographischen Institut der Universität Bonn untersucht die Projektgruppe Prof. Dr. R. Grotz im Rahmen eines mehrjährigen Projektes die Versorgungsbeziehungen in der Stadt Bonn auf Basis der Stadtbezirke (Stärken-Schwächen-Analyse / Empfehlungen zur Entwicklung). Die Stadt Bonn setzt sich aus den vier Stadtbezirken Bonn, Bad Godesberg, Beuel und Hardtberg zusammen (Abb. 1). Der Anstoß zu diesem Projekt ging vom Amt für Wirtschaftsförderung und Touristik aus, das auch der Auftraggeber des Gesamtprojektes ist. Projektbeginn war im Jahr 1990 und im Anschluß an die Untersuchung des Bezirkszentrums von Hardtberg (Duisdorf) erfolgte 1992 als zweiter Schritt die Analyse des Zentrums von Bad Godesberg. Zur Jahreswende 1992/93 wurden die Ergebnisse veröffentlicht. Die Kernaussagen des Gutachtens werden im folgenden kurz zusammengefaßt.

Situation

Bad Godesberg besitzt für ein Mittelzentrum (ca. 74.000 Einwohner einschließlich der Mitarbeiter der diplomatischen Vertretungen) eine überdurchschnittliche Ausstattung an Geschäften mit hoher Spezialisierung und Angebotsqualität (Abb. 2), doch bezieht das Zentrum seine Stärken eher aus der Vergangenheit und ist heute hinsichtlich seiner Bestandssicherung und Entwicklungschancen gefährdet. Der Standort Bad Godesberg-Zentrum ist einer sich rasch verschärfenden Konkurrenz durch andere Ortszentren in den benachbarten Gemeinden und Städten sowie durch Märkte auf der grünen Wiese im Umland ausgesetzt. Die Nähe des Oberzentrums Bonn mit seiner City limitiert die Entwicklungschancen des Bad Godesberger Zentrums zusätzlich. Seit vielen Jahren herrscht weitgehender Stillstand, teilweise sogar Rückschritt bei der Attraktivierung des Godesberger Zentrums, während die konkurrierenden Zentren im Umland ihre Attraktivität deutlich verbessern. Da auch die Entwicklung der Wohnbevölkerung im Stadtbezirk stagniert, sind die Folgen eine allmähliche Schrumpfung des Godesberger Einzugsraums, eine langsame Abnahme der lokalen Kaufkraftbindung und eine zunehmende Gefährdung des Erhalts von zentralen

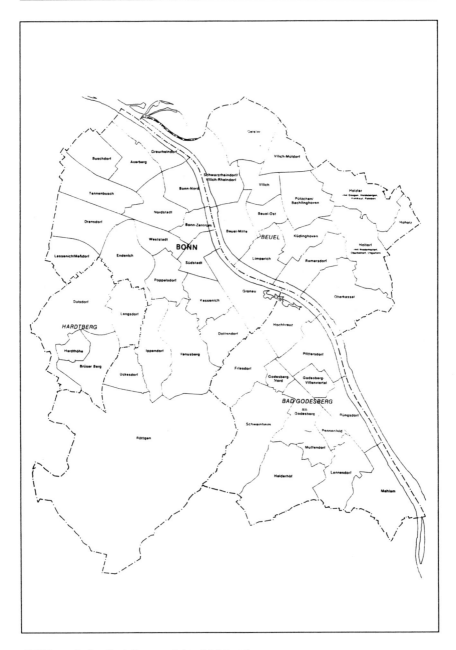

Abbildung 1: *Die Stadt Bonn und ihre Stadtbezirke*

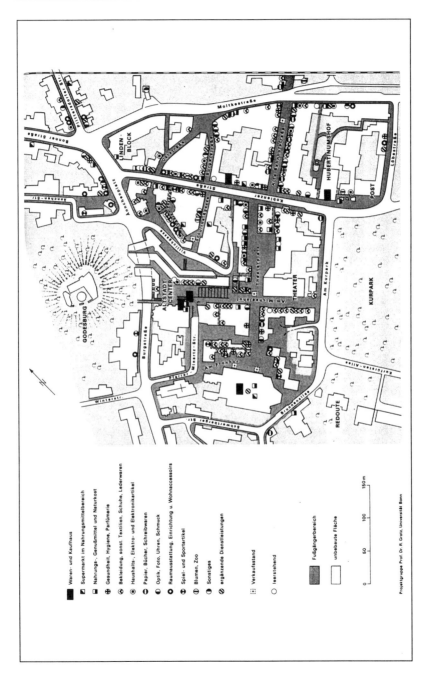

Abbildung 2: Branchenstruktur des Einzelhandels in Bonn-Bad Godesberg

Funktionen. Soll eine drohende, schleichende Abwertung des Standortes vermieden werden, so muß etwas zur Stärkung und Re-Attraktivierung des Zentrums unternommen werden.

Wichtigste Gegenmaßnahmen

Die Analyse zeigt deutlich, daß einzuleitende Maßnahmen vor allem zwei Ziele verfolgen müssen:
- Erhöhung der Attraktivität des Zentrums;
- Steigerung der Kaufkraftbindung an Bad Godesberg.

Initiativen hierzu waren auch in früheren Jahren immer wieder gestartet worden, ihre Umsetzung jedoch i.d.R. gescheitert. Ursächlich für das Scheitern waren nicht nur Sachgründe, sondern zunehmend auch wechselseitige Blockaden der vielen entwicklungsrelevanten Gruppen, Verbände, Verwaltung, Ämter und Institutionen gegeneinander, sowie in einigen Fällen auch persönliche Antipathien zwischen einzelnen Entscheidungsträgern. Oft blieben selbst gute Ideen und Initiativen chancenlos, wenn sie von der vermeintlich falschen Seite vorgeschlagen wurden.

Möglichkeiten zur Durchsetzung von notwendigen Maßnahmen bestehen daher nur durch einen Abbau des Nebeneinanders bzw. Gegeneinanders der lokalen Kräfte, durch eine bessere Kommunikation und Abstimmung der Partikularinteressen untereinander sowie durch eine anzustrebende Bündelung der wichtigsten Kräfte (Politik, Verwaltung, Wirtschaft, Handel, Handwerk, Gastronomie, Grundeigentümer) in Bad Godesberg.

Weg/Methode

Als ersten Schritt in diesem Entwicklungsprozeß wurde vom Gutachter die Gründung eines Runden Tisches vorgeschlagen, an dem die entscheidungsrelevanten Kräfte unter einer neutralen Moderation kooperieren sollten. Der Moderator sollte dabei als neutraler Ansprechpartner die wichtigsten Leute zusammenbringen, die Gesprächsfähigkeit aller in der Runde sichern, auftretende Konflikte frühzeitig steuern und selber einer der Motoren in diesem Veränderungsprozeß sein.

Die naheliegenden Begriffe Stadtmarketing oder Citymanagement wurden in diesem Zusammenhang aus mehreren Gründen zunächst gemieden.

Zum ersten sollten in Anbetracht der schwierigen lokalen Verhältnisse keine zu hohen Erwartungen geweckt und abgewartet werden, ob dieser erste Ansatz überhaupt zustande kommt. Zum zweiten war dieser Ansatz stadtteilorientiert und die Position von Verwaltung und Politik der Gesamtstadt zu diesem Zeitpunkt nicht völlig einschätzbar. Und drittens war nicht absehbar, ob die für ein umfassendes Stadtmarketing erforderlichen Mittel je zur Verfügung stehen würden.

Voraussetzungen

Fünf Grundvoraussetzungen für einen Runden Tisch sollten laut Gutachten zu Beginn gewährleistet sein:

- alle Beteiligten erkennen die Attraktivitätssteigerung des Zentrums als entscheidend an und wollen Änderungen;
- die Probleme betreffen jeden der Beteiligten;
- die Lösungen der Probleme liegen in der Einflußsphäre der Beteiligten;
- die Lösung der Probleme liegt auch wirklich im Interesse der Prozeßbeteiligten;
- es besteht die Chance, die zur Problemlösung notwendigen Mittel und Finanzen zu erhalten.

Die Gutachter luden 1993 zu einer Pilotsitzung in das Geographische Institut der Universität Bonn ein. Es zeigte sich zu Sitzungsbeginn, daß die Mehrzahl der eingeladenen Anwesenden an diesem Abend eine Klärung der Frage wünschte, ob und inwieweit in Bad Godesberg zukünftig gemeinsam gearbeitet werden könnte. Nach einer Diskussion auf Basis der gutachterlichen Ergebnisse erklärten sich bei einer Abstimmung alle Teilnehmer grundsätzlich zur Kooperation im Interesse des Standortes und zur künftigen Mitarbeit an einem Runden Tisch bereit. Dessen Gründung und personelle Zusammensetzung wurden nach weiteren Diskussionen am Ende der Pilotsitzung beschlossen.

Zusammensetzung Runder Tisch

Der Runde Tisch setzt sich heute aus einem koordinierenden Kernteam und aus temporären, thematischen Arbeitskreisen zusammen. Mitglieder des Kernteams sind die Vertreter der lokalen Werbegemeinschaft, des Einzelhandelsverbandes, der Gastronomie, der Godema (eine lokale Wirtschaftsmesse), des Handwerks, der Stadtverwaltung (Wirtschaftsförderung, Stadtplanung, Bezirksverwaltung), der politischen Parteien in der Bezirksvertretung (erst später hinzugetreten), des Gutachterteams vom Geographischen Institut der Universität Bonn, der Bezirksvorsteher und der Moderator. Die thematischen Arbeitskreise leisten bei Bedarf die Facharbeit und sie sind offen für alle interessierten, aktiven Bürger und Fachleute. Um die Anbindung der Arbeitskreise an die Linie des Kernteams zu sichern, arbeiten immer auch einige Kernteammitglieder in den Arbeitskreisen mit. Das Kernteam soll auch künftig nicht wesentlich vergrößert werden, um eine effiziente Arbeit zu ermöglichen.

Spielregeln

Zur Steuerung der Gruppendynamik wurden für die Sitzungen des Runden Tisches Spielregeln vereinbart. Zu den wichtigsten gehört, daß Beschlüsse im Konsens fallen und daß besprochene Vorgänge vertraulich in der Gruppe bleiben, während Beschlüsse und Ergebnisse öffentlich gemacht werden. Wichtig ist auch, daß der Kreis immer zukunftsorientiert arbeitet und diskutiert und daß er sich nicht durch die Aufarbeitung von Vergangenem wieder in die alten Konfrontationsstellungen drängen läßt. Es ist die Aufgabe des Moderators, auf die Einhaltung dieser Spielregeln zu achten.

Zur Abgabe von Presseerklärungen über alle Angelegenheiten des Runden Tisches ist nach einer Beschlußfassung ausschließlich der Moderator befugt. Der Kontakt zur Presse wird gepflegt und es finden mit den Lokaljournalisten der wichtigsten Zeitungen regelmäßig gemeinsame Hintergrundgespräche statt. Die Ziele dieser Regelung und der Gesprächsrunden sind neben der gegenseitigen Information auch ein beidseitiger Vertrauensaufbau zwischen Presse und Rundem Tisch sowie die Vermeidung von kontraproduktiven Profilierungen einzelner Mitglieder des Runden Tisches in den Medien zu Lasten des Standortes und seines Images.

Es gilt am Runden Tisch in Bad Godesberg also das Kooperationsprinzip statt des isolierten Handelns einzelner. Alle Sitzungen sind immer auf 2 Stunden beschränkt, damit Diskussionen und Redebeiträge nicht ausufern. Inzwischen schließt sich jedoch im Anschluß an die offizielle Sitzungszeit häufig noch ein Gedankenaustausch in kleinerer Runde an, der für die Kommunikation der Beteiligten untereinander einen wichtigen Stellenwert bekommen hat.

Nach der Gründung des Runden Tisches führte eine erste Zieldiskussion unter Berücksichtigung bestehender und bindender Ratsbeschlüsse (z.B. Rahmenplan) zu einem Grob-Leitbild für das Godesberger Zentrum mit den Merkmalen:

- Vorsorgungsort für den Nahbereich;
- Angebotsort auch hochwertiger und spezialisierter Güter;
- Angebotsort einer Tages- und Abendgastronomie;
- Kultur- und Lebensraum zwischen Burg und Park mit dem noch gestalterisch zu optimierenden Theaterplatz als urbanem Mittelpunkt.

© Ute Mächler

Abbildung 3: *Logo Bad Godesberg*

Alle künftigen Einzelmaßnahmen sind an diesem Grob-Leitbild zu orientieren und mit ihm abzustimmen.

Aus diesem Leitbild leiten sich Unterziele und Aufgabenfelder ab, die vom Kernteam und den thematischen Arbeitskreisen bearbeitet werden Die Arbeitskreise bereiten konsensfähige Maßnahmenpläne vor. Das Kernteam koordiniert den gesamten Prozeß und gibt die Strategie vor. Nach Erledigung seiner Aufgaben kann sich ein Arbeitskreis ggf. wieder auflösen.

Drei Arbeitskreise haben bisher gearbeitet:
- Verkehrsführung und Parken im Zentrum
- Gemeinsame Aktionen des Handels
- Zentrumsgestaltung und Erscheinungsbild

Ergebnisse

Auf personeller Ebene wurde erreicht, daß
- die Kommunikation zwischen verschiedenen Gruppen, Institutionen und Ämtern erheblich verbessert wurde;
- die Kooperation zwischen vielen Beteiligten verbessert wurde und zusätzliche Netzwerkstrukturen entstanden sind.

Auf der Sachebene wurde erreicht, daß
- eine Sonderbeilage in den überörtlichen Tageszeitungen geschaltet wurde, mit Werbung für das Zentrum als attraktivem Einkaufsort;
- ein einheitliches Layout entwickelt wurde. In Zusammenarbeit mit einem großen Zeitungsverlag wurde ein Logo (Abb. 3) erstellt, das hohen Wiedererkennungswert besitzt und das allen Veröffentlichungen, Plakaten, Beilagen und Werbungen vorangestellt wird;
- ein Parkplan für die Autokunden erstellt und in 40.000er Auflage vertrieben wird;
- die Parkleitbeschilderung in sehr guter Kooperation mit Straßenverkehrsamt verbessert (zus. 15 Einzelmaßnahmen) wurde;
- zur Vereinheitlichung der unterschiedlichen Geschäftsöffnungszeiten, der breiten Einführung eines langen Donnerstags und der Geschäftsöffnung über Mittag den Händlern ein konkreter Katalog mit Vorschlägen zur Abstimmung gestellt wurde. Dieser ist heute weitgehend realisiert. Fast 100 Geschäfte beteiligen sich am langen Donnerstag, die Übernahme der vorgeschlagenen Kernöffnungszeiten erfolgte mehrheitlich, fast alle Läden sind heute über Mittag offen.

Aktuelle Aufgabenfelder

Gegenwärtig befaßt sich der Runde Tisch hauptsächlich mit folgenden Themen:

Theaterplatz

Seit über 20 Jahren ist die städtebauliche Gestaltung dieses zentralen Platzes trotz zahlreicher Gestaltungskonzepte immer wieder gescheitert. Eigentümer, Politik und Verwaltung haben kein gemeinsames Vorgehen erreicht. Ein erstes Ergebnis der Bemühungen des Runden Tisches ist die Aufhebung eines politischen Beschlusses, der Gestaltungsänderungen nur im Rahmen eines Gesamtkonzeptes zugelassen hat. Da über all die Jahre kein Konsens über ein Gesamtkonzept zu erzielen war, wirkte sich dieser Beschluß hemmend auf jede Einzelinitiative aus. Desweiteren konnte erfolgreich zwischen Politik, Verwaltung und einer investitionsbereiten Eigentümergruppe vermittelt werden. Die Investorengruppe hat inzwischen einen Bauantrag eingereicht, der einen großen Teil der Gebäude am Platz betrifft. Sollte die Baumaßnahme erfolgen, wird dies eine erste Aufwertung des Platzes zur Folge haben. Ferner werden zur Zeit Überlegungen angestellt, wie die leere Platzmitte, die in städtischem Besitz ist, durch ein geeignetes, zentrales Gebäude mit gastronomischer Nutzung funktional und optisch aufgewertet werden kann.

Oberes Plateau des Altstadtcenters

Nach dem Absterben des Einzelhandels auf einem zwar sehr zentral gelegenen, aber nur über Aufgänge und Rampen erreichbaren Hochplateaus innerhalb des Gebäudekomplexes "Altstadtcenter" drohte dort eine reine Büronutzung. Diese hätte sich jedoch im Gegensatz zum beschlossenen Ziel einer stärkeren Innenstadtbelebung auch außerhalb der Geschäftsöffnungszeiten gestanden. Es wurde vom Runden Tisch ein gastronomisches Nutzungskonzepte erarbeitet und zur Eigentümerseite, die im Ausland ansässig ist, Kontakt aufgenommen. Die Eigentümergruppe hat daraufhin von einem schwedischen Architektenbüro einen Entwurf erarbeiten lassen und diesen öffentlich vorgestellt. Derzeit ist ein spezialisiertes Maklerbüro mit der Akquisition potentieller Gastronomen beauftragt; das Ergebnis ist z.Zt. noch nicht abschätzbar;

Erhalt des Warenhauses Hertie am Ort

Die Zukunft des größten Warenhauses im Zentrum von Bad Godesberg ist nach dem in wenigen Jahren bevorstehenden Ablauf des Mietvertrages mit dem Eigentümer der Kaufhausimmobilie noch ungeklärt. Ziel des Runden Tisches ist der Erhalt des Warenhauses. Ein erstes Gespräch wurde geführt zwischen dem Amt für Wirtschaftsförderung und dem Runden Tisch sowie Vertretern der Konzernleitung. Es findet ein konstruktiver Informationsaustausch über Standortqualitäten Bad Godesbergs, die Erörterung von Möglichkeiten künftiger Nutzungen und die Information über den aktuellen Überlegungsstand im Unternehmen statt. Es wurde eine Vereinbarung über den künftigen wechselseitigen Kommunikationsprozess und eine gemeinsam abgestimmte Information der Medien getroffen.

Kino in Bad Godesberg

Es ist das Ziel des runden Tisches auf dem Hintergrund der gewünschten stärkeren Innenstadtbelebung neben einer Erweiterung der Gastronomie auch die baldmögliche Realisierung eines Kinos zu erreichen. Dieses war schon in der gutachterlichen Stärken-Schwächen-Analyse als wichtiger Baustein zur Zentrumsbelebung vorgeschlagen worden. Ein potentieller Investor/Betreiber eines Kinokomplexes steht zur Verfügung und hat den Runden Tisch über seine Planungen und den aktuellen Sachstand informiert. Der Runde Tisch wird sich auf allen Seiten dafür einsetzen, daß das Projekt keiner weiteren Verzögerung unterliegt.

Geplantes Gewerbegebiet mit Sondergebiet in der Nachbargemeinde Wachtberg

Jenseits der südlichen Stadtgrenze Bonns beabsichtigt die Nachbargemeinde Wachtberg die Errichtung eines Gewerbegebietes mit einem Sondergebiet, in dem großflächiger Einzelhandel zugelassen ist. Unter anderem sollen dort ein Supermarkt und ein Lebensmitteldiscounter angesiedelt werden. Über die Dimensionierung des Sondergebietes und die mögliche Branchenzusammensetzung bestehen Sorgen in Bonn und Bad Godesberg. Der drohende Konflikt zwischen den beiden Nachbargemeinden wird Thema einer der nächsten Sitzungen des Runden Tisches sein.

Der Wachtberger Gemeindedirektor, der Bürgermeister und eine beauftragte Consultingfirma werden den Runden Tisch über die Planungen informieren und sich der Diskussion stellen. Ziele sind die beiderseitige persönliche Information über den Sachstand und die Wachtberger Pläne, über die Gründe für die Bonner Besorgnisse, die beiderseitige Versachlichung des Themas und die Auslotung eventueller Kompromißmöglichkeiten.

Neu am Runden Tisch ist die Zusammenarbeit so verschiedener Einzelpersonen, Gruppen und Institutionen in einem gemeinsamen Gremium für die Standortentwicklung Bad Godesbergs. Vorteilhaft ist, daß sich im Kernteam und den Arbeitskreisen Know-how aus den verschiedensten Bereichen zusammenfindet, daß dieses kommuniziert wird und daß sich das Miteinander zwischen vielen Beteiligten stark verbessert hat.

Die zuvor angesprochene Konsensbildung verlangt viel Geduld und einen langen Atem. Letztlich wichtig ist jedoch, daß mögliche Verbesserungen auch wirklich stattfinden, daß sich möglichst viele mit gefaßten Beschlüssen identifizieren und Dinge nicht auf halbem Weg wieder zerredet oder blockiert werden. Ob Änderungen ein Jahr früher oder später stattfinden, ist dagegen meistens zweitrangig.

Daß dieser Bad Godesberger Weg auch außerhalb der Stadt Bonn mit Interesse verfolgt wird, zeigen die Gründungen und Gründungsabsichten von Runden Tischen oder ähnlichen Gremien eines Stadtmarketings im Umland, wie immer sie im einzelnen auch genannt werden.

Probleme

Der Runde Tisch ist nicht frei von Problemen:
- Als Handicap erwies sich der Beschluß aus der Pilotsitzung, daß außer dem gewählten Bezirksvorsteher keine weiteren Politiker im Kernteam sitzen sollten. Damit blieb der Runde Tisch zwar von Parteiquerelen verschont und konnte sachbezogen arbeiten, die Umsetzung von Beschlüssen bedarf jedoch oftmals der politischen Unterstützung, und hier lag durch die mangelnde Integration der Politik eine ständige Bruchstelle. Zu Jahresbeginn 1995 wurde daher beschlossen, die Fraktionssprecher aller vier Parteien zur Mitarbeit einzuladen. Die Einladung wurde angenommen, die Zusammenarbeit verläuft seither sehr gut und sachbezogen.

- Die Unterstützung aus der Gesamtverwaltung Bonns für diese stadtbezirksorientierte Initiative war mit Ausnahme der am Runden Tisch vertretenen o.g. Ämter über längere Zeit zögerlich und über eine verbale Unterstützung hinaus eher von Abwarten und Halbherzigkeit geprägt. Dies weckte alte Empfindlichkeiten und Vorurteile im 1969 gegen seinen Willen eingemeindeten Bad Godesberg und förderte in Teilen der Bonner Verwaltung einen gewissen Attentismus gegenüber diesem als nicht unproblematisch empfundenen Stadtbezirk.

- Größere gemeinsame Aktionen des Handels und neue Initiativen zur Verbesserung des Marketings und Images von Bad Godesberg sind vom Runden Tisch zwar beabsichtigt, scheiterten jedoch bisher an mangelnden Finanzen.

- Bei einigen Mitgliedern tritt gelegentlich Ungeduld auf, daß manche Dinge nicht schneller umgesetzt werden. Auch die alte Lust am eigenen Weg lebt immer wieder mal auf. Die regelmäßige Teilnahme an den Sitzungen des Runden Tisches allein reicht nicht, wenn der Runde Tisch nicht zugleich als Chance auch zur eigenen Bewegung und Entwicklung begriffen wird. Insgesamt herrscht ein noch steigerungsfähiges Bewußtsein und Engagement für den Gesamtstandort Innenstadt. Fortschritte sind jedoch gerade hier zu beobachten.

- Es krankt immer noch an der o.g. 5. Voraussetzung (finanzielle Ressourcen). Es gibt viel "Goodwill", aber außer einer von den größeren beteiligten Gruppen und Institutionen gemeinsam getragenen Pauschale für die Moderation sind notwendige Finanzen für größere Initiativen weiterhin nicht vorhanden. Für ein wirklich umfassendes Stadtmarketing fehlen daher immer noch die erforderlichen Mittel und Möglichkeiten.

Ausblick

Es stellen sich daher Fragen nach der Zukunft und dem weiteren Weg des Runden Tisches, der gegenwärtig noch nicht abschätzbar ist. Sehr verbessert haben sich Akzeptanz und Unterstützung des Runden Tisches vor allem bei der anfangs zögerlichen Verwaltung, der Politik und der Werbegemeinschaft des lokalen Einzelhandels.

Trotz der bescheidenen Mittel dieses "low-budget-Stadtmarketing" kann sich die bisherige Erfolgsbilanz sehen lassen. Der Runde Tisch hat in den zwei Jahren an Gewicht gewonnen und sich von einem anfänglichen Denkzirkel immer mehr auch zu einem Umsetzungsgremium entwickelt.

Mitentscheidend über die Zukunft des Runden Tisches wird jedoch auch sein, inwieweit künftig die Stadt Bonn die Möglichkeiten, die das Instrument 'Stadtmarketing' für ihre gesamte Stadtentwicklung bietet, erkennen und nutzen wird. Längerfristig macht nur die Einbettung der immer umfassender werdenden Bad Godesberger Aktivitäten und Aufgaben in eine gesamtstädtische Perspektive Sinn.

Gleiches gilt auch für mögliche künftige Initiativen in den anderen Bonner Stadtbezirken. Das "Projekt Runder Tisch Bad Godesberg" könnte in diesem Rahmen aufgrund der bisher gewonnenen Erfahrungen und des zeitlichen Vorlaufs sowohl für ein künftiges Stadtmarketing der Stadt Bonn wie auch für ein Stadtteilmarketing in den anderen drei Stadtbezirken eine Pilotfunktion ausüben.

Dafür müßten in nicht zu ferner Zeit für die Stadt Bonn die Weichen in Richtung eines aktiven Stadtmarketings gestellt und die offenen Finanzierungsfragen zwischen allen Beteiligten geklärt werden.

Die Zeit für Bad Godesberg - aber auch für die Stadt Bonn - drängt. Gelingt diese Weichenstellung nicht, kann in Bad Godesberg der Runde Tisch trotzdem überleben. Es besteht jedoch die Gefahr, daß er sich irgendwann auf ein abendliches Diskussionsforum für Unentwegte reduziert. Die Chance für den umfassenderen Ansatz einer integrierten Stadtentwicklung mit breiter Beteiligung wäre – ohne überzeugende Alternative – vorerst vertan.

Stadtmarketing Hansestadt Greifswald

Von Andreas Hauck

Die Hansestadt Greifswald

Die Hansestadt Greifswald ist eine kreisfreie Stadt im Nordosten des Bundeslandes Mecklenburg-Vorpommern (Abb. 1). Die Stadt liegt im schwach besiedelten, durch Landwirtschaft geprägten Raum am Greifswalder Bodden. Die Infrastruktur in dieser Randlage ist nur schwach entwickelt.

Greifswald hat eine Einwohnerzahl von ca. 65.000 EW und nimmt zusammen mit der Hansestadt Stralsund die Funktion eines gemeinsamen Oberzentrums für die Region Vorpommern wahr.

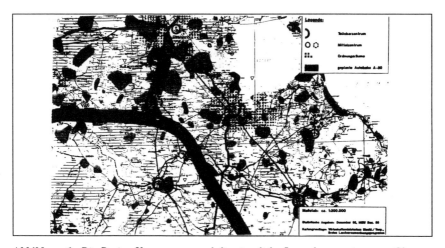

Abbildung 1: *Die Region Vorpommern und die räumliche Lage des gemeinsamen Oberzentrums Greifswald-Stralsund*

Zu den Besonderheiten der jüngeren Geschichte, die auch heute noch weitgehend das Bild und die Struktur der Stadt bestimmen, gehören folgende Ereignisse:

- Greifswald war nach dem 2. Weltkrieg vollkommen unzerstört, weil die Stadt kampflos an die Rote Armee übergeben wurde.
- Greifswald wird seit Jahrhunderten durch die Universität – sie wurde bereits 1456 gegründet – geprägt. Nachdem der Lehrbetrieb 1946 wieder aufgenommen worden war, bestimmte die Universität jahrelang das Bild der Kleinstadt.
- Ende der 60er und in den 70er Jahren kamen dann Großbetriebe in die Stadt bzw. deren Umgebung, die ab sofort das städtische Geschehen dominierten.

Dies waren das Werk für Nachrichtenelektronik (heute Siemens-Übertragungssysteme) und vor allem das Kernkraftwerk in Lubmin.

Dort wurden tausende Arbeitskräfte beschäftigt, die auch Wohnungen benötigten. So wuchs Greifswald um einige Neubaugebiete an der Peripherie der Stadt. Die Bausubstanz der Innenstadt und der historischen Vorstädte verfiel zusehends, unnötige Flächenabbrüche und der Versuch, Neubaukultur in das Stadtinnere zu bringen, zerstörten das Bild der Innenstadt zu einem großen Teil. Die Innenstadt rückte in eine geographische Randlage und erfüllte nur noch unzureichend ihre zentrale Versorgungsfunktion.

Mit der demokratischen Wende begann auch in Greifswald eine Zeit des Umbruchs:

- Viele Betriebe wurden abgewickelt oder geschlossen. Hier ist insbesondere das Kernkraftwerk in Lubmin zu nennen.
- Das geistige und wissenschaftliche Leben in Greifswald wurde reformiert und die Rolle der Universität erheblich gestärkt.
- Die Versorgung der Bevölkerung verbesserte sich durch die Schaffung großer Einzelhandelsflächen, vor allem am Rande der Stadt.

Doch mit diesem Prozeß des Wandels waren auch erhebliche negative Auswirkungen verbunden:

- In erster Linie ist die hohe Arbeitslosigkeit zu nennen. Sie bewirkte einen erheblichen Bevölkerungsrückgang in den letzten Jahren sowie ein nur geringes Kaufkraftpotential (1993 63,3 % des gesamtdeutschen Niveaus, im Umland ca. 57 %).
- Ein weiteres Problem ist die Blockierung innerstädtischer Flächen durch Altansprüche.
- Auf Grund der zerschlissenen Bausubstanz ergibt sich ein sehr viel höherer Investitionsaufwand, der durch Mittel aus der Städtebauförderung nur gemindert werden kann. Auch die geringe Finanzausstattung der ansässigen Einzelhändler verhinderte eine schnelle Verbesserung der Situation der Innenstadt. Diese Hinderungsgründe für ein schnelles Wiederaufleben des Zentrums wurden durch die Errichtung zweier großflächiger Einkaufszentren "auf der grünen Wiese" noch erheblich verstärkt.

Die Situation im Einzelhandel soll anhand der folgenden Darstellung (Abb. 2) aufgezeigt werden.

Die zwei Einkaufszentren, eines davon mit 28.000 qm Verkaufsraumfläche in der Nachbargemeinde Neuenkirchen und als zweites das städtische Einkaufszentrum an der B 109 "Elisenhain" mit ca. 35.000 qm Verkaufsraumfläche, stellen den Einzelhandelsstandort Innen-

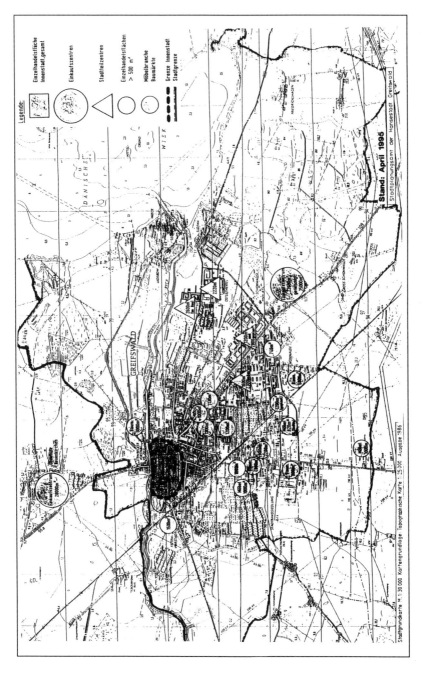

Abbildung 2: *Bestandskarte der Einzelhandelsflächen*

stadt insgesamt in Frage. Damit droht der Verlust weiterer oberzentraler Funktionen und ist letztlich die Behinderung der weiteren Entwicklung der gesamten Stadt verbunden.

In diesem kritischen Moment, der Etablierung der peripheren Großstandorte und der zunehmenden Unsicherheit und Sprachlosigkeit bei den Innenstadthändlern, fanden die zuständigen Akteure an einen Tisch. Mit finanzieller Unterstützung durch die Landesraumordnung (Wirtschaftsministerium bzw. Ministerium für Bau, Landesentwicklung und Umwelt des Landes Mecklenburg-Vorpommern) wurde ein Pilotprojekt zur Revitalisierung der Innenstadt aus der Taufe gehoben.

Zu den Beteiligten gehörten neben dem Wirtschaftsministerium und der Stadtverwaltung Greifswald, das Deutsche Seminar für Städtebau und Wirtschaft, der Gewerbeverein Greifswald-Innenstadt e.V., die Industrie- und Handelskammer und der Einzelhandelsverband sowie das Geographische Institut der Ernst-Moritz-Arndt-Universität Greifswald. Es wurde eine schrittweise Durchführung des Projektes angestrebt. Zuerst sollte eine Analyse der gegenwärtigen Situation vorgenommen und eine erstmalige Zusammenarbeit aller Beteiligten erreicht werden. Diese Phase haben wir die "Schaffung vertrauensbildender Maßnahmen" genannt.

Allen Beteiligten wurde schnell klar, daß die Revitalisierung der Innenstadt ein sehr komplexes Problem darstellt und nur eingebettet in die Gesamtentwicklung der Stadt zu erreichen ist. Es wurde aber auch deutlich, daß insbesondere der Einzelhandel eine wichtige Rolle für das Leben der Innenstadt spielt und gewissermaßen eine Schlüsselposition einnimmt. Der Einzelhandel bringt Investitionen und Leben in die Innenstadt.

Die Neugestaltung von Straßen und Plätzen mit öffentlichen Mitteln der Städtebauförderung macht sich nur bezahlt, wenn sie von privaten Gebäudesanierungen, Geschäftsmodernisierungen und attraktiven Angeboten der Einzelhändler begleitet wird.

Banken, leerstehende Häuser und Geschäfte oder falsche und unattraktive Sortimente lassen die Kundenströme abbrechen, neugestaltete Straßen und Plätze verwaisen. Es gab bereits 1991 ein Einzelhandelskonzept für die Stadt Greifswald, das aktualisiert und um die Analyse einer Kunden- und Einzelhandelsbefragung ergänzt wurde. Dies geschah durch die Betriebswirtschaftliche Beratungsstelle des Einzelhandels BBE Kiel in Zusammenarbeit mit der Universität Greifswald.

Damit aber nicht wieder ein Zahlenwerk in den verschiedenen Schubladen verschwindet, wurden die Ergebnisse in einer Arbeitsgruppe erörtert und aufbereitet. Diese Arbeitsgruppe, die aus den Entscheidungsträgern aus Verwaltung und Interessenvertretern der Wirtschaft und des Handels bestand, erarbeitete ein Maßnahmen- und Strategiekonzept.

Dieses soll im Sommer 1995 den politischen Gremien der Hansestadt vorgestellt und beschlossen werden. Damit soll erreicht werden, daß die Einzelhändler zunehmend ein Klima der Investitionssicherheit, insbesondere durch die Planungssicherheit der Stadtverwaltung, vorfinden und so den Mut für weitere umfassende Investitionen aufbringen. Geschäftsaufgaben in der Innenstadt müssen der Vergangenheit angehören. Im Gegenteil, ein großflächiger Anbieter in der Innenstadt, für den die Stadt gegenwärtig gerade das Grundstück bereitstellt, soll Kunden auch für weitere Einzelhändler anziehen. Mit dem bereits erfolgten Ausbau der Fußgängerzone ist die Attraktivität für die Kunden bereits erhöht und die Geschäftslage für einen großen Teil der Händler verbessert worden.

Wir arbeiten jetzt ein Jahr an diesem Konzept; es wurde oft gestritten, aber auch nachge-

Fallbeispiel Hansestadt Greifswald

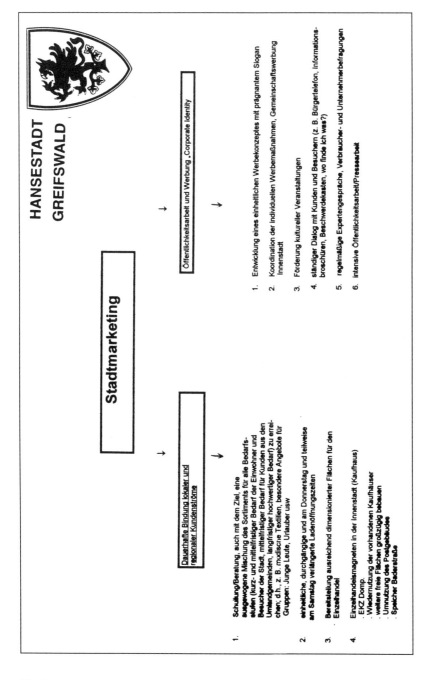

Abbildung 3: *Stadtmarketing als Teil der Handlungsempfehlungen des Revitalisierungskonzeptes*

dacht und korrigiert. Die Umsetzung von ersten Maßnahmen wurde in der Zwischenzeit begonnen:
- So bemüht sich die Stadt intensiv um die Etablierung eines großflächigen Anbieters in Verbindung mit einem Kinostandort in der Innenstadt.
- Das Verkehrskonzept wurde breit in der Öffentlichkeit und mit dem Gewerbeverein diskutiert. Im Moment wird ein neuer Tiefgaragenstandort direkt neben dem Markt von der Verwaltung geprüft.
- Die Stadt hilft dem Gewerbeverein bei der Organisation von Altstadtfesten und gemeinsam gehen Verwaltung und Gewerbeverein in die Öffentlichkeit.

Eines der Ziele im Stadtmarketing-Maßnahmeplan zur Verbesserung der oberzentralen Standortqualitäten soll an Hand der nächsten Übersicht (Abb. 3) exemplarisch vorgestellt werden.

Bezogen auf die Innenstadt Greifswalds bedeutet dies die gemeinsame Verfolgung zweier Strategien durch alle Beteiligten:

1. Dauerhafte Bindung lokaler und regionaler Kundenströme und
2. Öffentlichkeitsarbeit und Werbung im Sinne der "Corporate Identity".

Die im Schema grob abgebildeten Maßnahmen sollen in Zukunft ergänzt und mit einzelnen konkreten Aktionen belegt werden.

Greifswald steht mit dem Stadtmarketing noch am Anfang, so daß derzeit nur über den Beginn des Projektes berichtet werden kann. Doch es zeichnen sich schon jetzt grundlegende Strukturen der Zusammenarbeit und der Entwicklung der Innenstadt ab. Was wir in Greifswald bisher gemacht haben, ist Marketing, Innenstadt-Marketing, City-Marketing. Und aus dem Verständnis der Bedeutung der Innenstadt als dem Zentrum der Stadt, und mit dem Sichtbarwerden erster Erfolge wächst auch das Bedürfnis und das Engagement für ein (Gesamt-) Stadtmarketing.

Mit diesem "Greifswalder Weg" haben wir sicherlich nicht den Stein des Weisen gefunden, aber wir glauben, auf dem richtigen Weg zu sein. Jeder Besucher der schönen Universitäts- und Hansestadt Greifswald ist eingeladen, sich selbst davon zu überzeugen.

Stadtmarketing Magdeburg

Von Claus Mangels

Einleitung: Der Stadtmarketing-Begriff

Mit Begriffen wie Stadt- oder City-Marketing wird ab Mitte der 80er Jahre in den alten Bundesländern und seit 1992 in den neuen Bundesländern in Stadtverwaltungen, Werbegemeinschaften und anderen Organisationen ein Instrument eingesetzt, welches auf eine teilweise Übertragung des aus der Privatwirtschaft stammenden Marketingansatzes auf die Stadtplanung und Stadtentwicklung, insbesondere für eine Revitalisierung der Innenstädte, abzielt. Unter Stadtmarketing wird heute weitgehend ein Konzept verstanden, welches über die Ansätze einer

- konsequenten Ausrichtung des Angebots einer Stadt auf die Bedürfnisse möglicher Nutzer und einer
- gezielten Kommunikation zur Intensivierung der Nutzung mit der Folge einer Stärkung und Revitalisierung der Gesamtstadt beitragen soll.

Beschreibung der Stadt Magdeburg

Magdeburg hat 270.000 Einwohner, wobei die Tendenz abnehmend ist. Die Abwanderung vollzieht sich nicht mehr in die westlichen Bundesländer, sondern eher in das Umland der Stadt. Die Gründe hierfür sind das Vorhandensein ehemaliger ackerbaulicher Nutzungsflächen, die vermehrt als Bauland verwertet wird, und die Schwierigkeit der Bereitstellung von Wohnraum in den Innenstädten.

Die Innenstadt von Magdeburg ist bis zum 16.04.1945 sehr dicht besiedelt gewesen. Eine einzige Bombennacht führte zu ihrer völligen Zerstörung. Der Wiederaufbau wurde ohne Rücksichtnahme auf vorhandene Straßenführungen und Strukturen vollzogen.

Es handelt sich bei dem Projekt 'Stadtmarketing Magdeburg' um die jüngste Entwicklung im Rahmen des Stadtmarketings, sie entstand Ende Oktober 1994 auf Anregung des Wirtschaftsministeriums. Der Versuch, das Projekt dem Stadtrat vorzustellen, scheiterte, da nur drei der 56 Stadträte anwesend waren.

Es ist eigentlich nicht die Aufgabe des Vorstandes einer Sparkasse, Stadtmarketing zu betreiben. Wir betrachten unser Engagement im Rahmen des Stadtmarketingprojektes als eine Art von Wirtschaftsförderung. Ein derartiges Projekt läßt sich in einer Großstadt besser bewerkstelligen als in einer Kleinstadt.

Warum Stadtmarketing für Magdeburg?

- Die Stadt Magdeburg verfügt bundesweit nur über einen geringen Bekanntheitsgrad; das Bild Magdeburgs wird insbesondere in den überregionalen Medien durch isoliert herausgestellte Einzelaspekte geprägt (Krawalle am Himmelfahrtstag u.a.m.).
- Auch Bürger Magdeburgs stehen der Stadt zunehmend kritisch gegenüber. Vielen geht die Entwicklung der (Innen-)Stadt nicht schnell genug voran. Dieser Bereich kann auch als Innenmarketing bezeichnet werden.
- Der Wettbewerb der Städte der neuen Bundesländer stellt sich nach wie vor als Wettbewerb um Investoren, Tagungsgäste und Touristen dar. Hierfür gilt es, bestmögliche Strukturen und Imagefacetten auszuweisen und ein erfolgreiches Außenmarketing zu betreiben. Für den Initiativkreis ist das Innenmarketing jedoch zunächst wichtiger als das Außenmarketing.
- Die gegenwärtigen Schwächen Magdeburgs wie Arbeitslosigkeit, verhaltene wirtschaftliche Entwicklung allgemein oder Probleme der Innenstadtentwicklung können teilweise durch Fördermittel sowie eine dynamische und flexible Stadtentwicklungsplanung ausgeglichen werden. Ein zukunftsorientiertes Stadtmarketing kann zusätzliche positive Impulse geben. Diese Daten sind Fakten, die nur mit langfristigen Konzepten veränderbar sind. Aktionismus ist hier fehl am Platze.
- In einer Phase, in der sich die Kommunikationsstrukturen zwischen Bürgern, Wirtschaft, Verwaltung und Politik entwickeln, können in Magdeburg die für eine bessere Koordination von Stadtentwicklung und "Vermarktung" notwendigen Spielregeln eingeschaltet werden.
- Der optimale Einsatz vorhandener (finanzieller) Ressourcen kann nur dann gelingen, wenn man in einem frühen Stadium gemeinsam Maßnahmen, Zielsetzungen und Leitbilder definiert, welche die Teilnehmer des Stadtmarketing-Prozesses motivieren, auf ein hohes Maß an Akzeptanz und (inhaltlicher) Verbindlichkeit abzielen sowie die Kontrolle der Zielerreichung erst ermöglichen.

Wichtige Kennzeichen des Magdeburger Stadtmarketingprojektes

Wichtige Kennzeichen des Stadtmarketing-Projektes sind:
- Der Ansatz, die Stadtentwicklung Magdeburgs als langfristige gemeinsame Aufgabe von Bürgern, Wirtschaft und Verwaltung zu begreifen;
- das ganzheitliche "Stadt"verständnis, d.h. Magdeburg wird nicht auf einen Teilraum (z.B. Innenstadt) oder eine Teilfunktion (z.B. Einzelhandel) reduziert;
- die zielgerichtete Kommunikation in Arbeitsgruppen zwischen Bürgern, Politikern, Wirtschaft, Verwaltung und weiteren Institutionen;
- das Denken in Zielgruppen, der gezielte Einsatz des Marketing-Instrumentariums

(Bestandsanalyse, Planung, Durchführung) und die stärkere Beachtung wirtschaftlicher Notwendigkeiten;
- eine kontinuierliche Abstimmung mit den Vertretern der Politik;
- die Koordinierungsgruppe.

Stadtmarketing, wie wir es verstehen, stellt keine Konkurrenz zum Stadtrat dar, sondern versucht, die Ideen von Bürgern und der Wirtschaft an die Politik weiterzuleiten. Als "Abfallprodukt" verschiedener Umsetzungsideen entstand z.b. ein Übersichtsplan für Parkplätze in der Innenstadt sowie ein Innenstadtmodell mit der Präsentation von Bauprojekten.

Gründung des Initiativkreises

Am 24.10.1994 erfogte auf Initiative der Stadt Magdeburg und unter der Leitung von Oberbürgermeister Dr. Polte die Gründung des Initiativkreises Stadtmarketing als erter Schritt für das Stadtmarketing-Projekt. Inzwischen hat der Initiativkreis sieben mal getagt. Die Ergebnisse dieser bisherigen Arbeit sollen im folgenden vorgestellt werden.

Mit der konstituierenden Sitzung des Arbeitskreises Tourismus Anfang März 1995 und der vorgesehenen Gründung weiterer Arbeitskreise wurde die auf die Initiativkreisphase folgende Arbeitsphase eingeläutet. Neben Sofortmaßnahmen ist im Anschluß an die Arbeitsgruppenphase ab Mitte 1995 eine intensive Umsetzungsphase vorgesehen.

Aufgabenstellung des Initiativkreises: Festlegung von Themen und Inhalten

Der Initiativkreis, zu dessen Sprecher ich im Dezember 1994 gewählt wurde, sah sich der Aufgabe gestellt, die thematisch und zeitlichen Schwerpunkte für das Stadtmarketing festzulegen. Der Initiativkreis vereinigt eine Vielzahl von Entscheidungsträgern und Interessengruppen. Gegenwärtig weist er folgende Zusammensetzung auf:

- Oberbürgermeister, Stadtplanungsamt, Wirtschaftsförderung
- Stadtsparkasse Magdeburg
- Magdeburgische Gesellschaft e.V.
- Theater der Landeshauptstadt
- Otto-von-Guericke-Universität
- IHK Magdeburg
- Interessengemeinschaft Innenstadt
- Landesvereinigung der Arbeitgeber und Wirtschaftsverbände Sachsen-Anhalt e.V.
- Wirtschaftsministerium Sachsen-Anhalt
- Kreishandwerkerschaft
- Karstadt als Vertreter des Handels.

Das Selbstverständnis des Initiativkreises

Der Initiativkreis Stadtmarketing
- versteht sich als eine Initiative Privater und der Wirtschaft, der mit Unterstützung der Stadt, des Deutschen Seminars für Städtebau und Wirtschaft und des Ministeriums für Wirtschaft und Technologie Sachsen-Anhalt arbeitet. Unterstützt wird er von einem externen Fachmann, der den Initiativkreis moderiert;
- will zur Steigerung der Anziehungskraft der Landeshauptstadt und zur Beseitigung von Schwachpunkten seinen Beitrag leisten und eine positive Entwicklung in möglichst vielen Bereichen erreichen;
- will seinen Beitrag dazu leisten, ein Leitbild für Magdeburg zu entwickeln;
- will kurz- und mittelfristig eigene Projekte entwickeln, selbst finanzieren und durchführen, welche eine Steigerung der Attraktivität Magdeburgs bewirken;
- will seinen Beitrag dazu leisten, die Landeshauptstadt Magdeburg besser zu vermarkten - nach innen und nach außen;
- leistet damit einen Beitrag zur Wirtschaftsförderung.

Der Initiativkreis Stadtmarketing soll sich später in seinen Funktionen zurückbilden und eine Art Koordinierungsausschuß darstellen.

In den Gremien dieses Projektes sind absichtlich keine Politiker vertreten. Politiker, die Öffentlichkeit und Interessenten sollen erst dann eingeschaltet werden, wenn bereits konkrete Projekte vorliegen.

Wir sehen Stadtmarketing als konsequente Ausrichtung des Angebots einer Stadt auf die Bedürfnisse der Bewohner und Nutzer. Das wesentliche ist eine gezielte Kommunikation. Dieser Ansatz der Stadtentwicklung ist eine längerfristige Unternehmung, Aktionismus ist in diesem Zusammenhang fehl am Platz.

Die meisten Bewohner stehen ihrer Stadt gleichgültig und interessenlos gegenüber, und nur einige wenige interessierte Menschen können im Bereich Stadtmarketing nichts erreichen. Wenn der Bürger nicht für seine Stadt wirbt, kann nicht viel getan werden. Deshalb muß hier zuerst der nach innen gerichtete Aspekt des Stadtmarketings zum Tragen kommen.

Ein ganzheitliches Stadtverständnis kann nicht auf Wirschaftsförderung, den Einzelhandel oder den engeren Begriff der Stadt reduziert werden. Es muß eine ganzheitliche zielgerichtete Kommunikation zwischen Bürgern, Wirtschaft, Kultur, Universität und anderen Institutionen stattfinden. Wir wollen das Denken in Zielgruppen fördern.

Wir wollen eine kontinuierliche Absprache mit der Politik, aber erst dann, wenn konkrete Projekte stehen. Wir verstehen uns nicht als Konkurrenz zum Stadtrat, sondern als Ergänzung. Der Initiativkreis in Magdeburg steht noch am Anfang des Projektes.

Vorgehensweise

Zur Vorgehensweis im Magdeburger Stadtmarketingprojekt wurden folgende Arbeitsschritte definiert:

- Stärken-Schwächen-Analyse,
- Aufstellung eines Leitbildes,
- Einsetzen von Arbeitskreisen,
- wiederum Analyse, ob die Stärken und Schwächen richtig gesehen wurden,
- Methoden und Projekte entwickeln.

Die Phase der sogenannten Ist-Aufnahme, der Stärken-Schwächen-Analyse, ist abgeschlossen. Wir diskutiern zur Zeit über das Leitbild. Die Stärken-Schwächen-Analyse ist gewissermaßen die Geschäftsgrundlage. Ist diese falsch, werden auch die Umsetzungs- und Handlungsvorschläge fehlerhaft sein.

Stärken-Schwächen-Analyse des Initiativkreises

Um die Stärken-Schwächen-Analyse zu strukturieren, wurden zunächst Themenfelder definiert, von denen hier einige beispielhaft dargestellt werden.

Themenfeld: Wirtschaft, Arbeitsmarkt, Umwelt

Die Wirtschaftsstruktur und der Arbeitsmarkt bilden die entscheidenden Determinanten der gewerblichen Entwicklung einer Stadt und beeinflussen somit ihre Dynamik und Prosperität.

- Als zentrale Schwäche ist auf den aus der Umbruchsituation resultierenden Arbeitsplätzeabbau in der Industrie zu verweisen, welcher weder durch Neuansiedlungen noch durch den Ausbau der Dienstleistungsfunktion kompensiert wurde.
- Die Notwendigkeit einer systematischen Akquisition produzierender Unternehmen kann durch ein wirtschaftlich orientiertes Leitbild mit Verknüpfung zur Wissenschaft Entwicklungsschwerpunkte setzen.
- Der Lagevorteil, das Arbeitskräftepotential und die Flächenreserven Magdeburgs, aber auch weiche Standortfaktoren, können gegenwärtig nicht in eine erfolgreiche Industrie- und Gewerbeansiedlungspolitik umgesetzt werden.
- Gleiches gilt für das Angebot an Gewerbeflächen und die Preise.
- Die mögliche Schlüsselrolle der Universität, auch als Identifikationspunkt, wird nicht ausreichend deutlich. Eine intensivere Vernetzung von Forschung und der Leistungsfähigkeit vorhandener wie ansiedlungsbereiter Unternehmen und eine stärkere Betonung der Universität im Zusammenhang mit der Vermarktung der Stadt im Sinne eines "innovationsorientierten" Images sind notwendig.

Themenfeld: Einzelhandel und Dienstleistung

Das Themenfeld "Handel und Dienstleistung" ist im Rahmen des Stadtmaketing-Ansatzes mit unterschiedlichen Bedeutungen und Perspektiven belegt:
- Die Einzelhändler, private und öffentliche Dienstleister tragen durch ihr Erscheinungsbild, ihr Waren- und Dienstleistungsangebot entscheidend zur Attraktivität und Urbanität einer Stadt bei.

- Insbesondere die Innenstadt von Magdeburg wird ganz wesentlich durch den Einzelhandel geprägt. Gelingt es nicht, den Einzelhandelsstandort Innenstadt dauerhaft zu sichern, sind positive Ansätze der Innenstadtentwicklung kaum realisierbar.
- Die Einzelhändler, speziell die im Innenstadtbereich angesiedelten, sind Nachfrager von Immobilien, Stellflächen, etc. und insofern entscheidend von den bereitgestellten Rahmenbedingungen und städtebaulichen Planungen abhängig.

Themenbereich: Kultur/Freizeit/Bildung/Tourismus

Der Themenbereich Kultur, Freizeit, Bildung, Tourismus umfaßt den gesamten Bereich an bürgernaher und touristisch ausgerichteter öffentlicher Infrastruktur wie auch die diesem Bereich zuzuordnenden privaten Dienstleistungen/Angebote, insbesondere Gastronomie und Hotellerie.

Angesprochen werden damit zum einen die sogenannten weichen Standortfaktoren, zum anderen der Tourismus als eigenständiger Wirtschaftsfaktor mit gleichzeitig hoher Imagerelavanz.

Gerade im Hinblick auf die unterschiedlichen Rahmenbedingungen ostdeutscher Standorte dürften möglicherweise gerade diejenigen Städte und Regionen zukünftig überdurchschnittliche Ansiedlungserfolge und eine daraus abgeleitete Wachstumsdynamik auch im gewerblichen Bereich aufweisen, welche das kulturelle, sportliche und sonstige bürgernahe Infrastrukturangebot zu einem früheren Zeitpunkt als konkurrierende Standorte strukturieren und mit Blick auf die Imagepflege zur übergemeindlichen Profilierung nutzen.

Abbildung 1: *Logo der Stadt Magdeburg*

Fallbeispiel Magdeburg

Themenbereich: Wohnen und Soziales

Der Bereich Wohnen und Soziales zählt zu den Bereichen, die am wenigsten stadtmarketingrelevant sind, aber auch, wie das Thema "Krawalle am Himmelsfahrtstag" zeigt, zu deutlicher negativer Außenwirkung beitragen kann.

Themenbereich: Stadtentwicklung, Städtebau und Verkehr
Dieser Themenbereich ist zur Zeit in Bearbeitung.

Entwicklung des Stadtleitbildes für Magdeburg

Die Erarbeitung des Stadtleitbildes für Magdeburg erfolgte in Anlehnung an die Diskussion der Stärken und Schwächen. Abbildung 2 gibt das vom Initiativkreis für Magdeburg erarbeitete Leitbild und erste Teilziele wieder. Als Slogan im Rahmen des Logo wurde "Magedeburg - Die Stadt mit Zugkraft" entwickelt (Abb. 1).

Leitbild	Magdeburg, unsere grüne Landeshauptstadt im Herzen Sachsen-Anhalts, schlägt als lebenswerter Wohnort und aufstrebendes Wirtschaftszentrum Brücken zwischen guter Nachbarschaft und Großstadterlebnis, Natur und Naturwissenschaft traditioneller Technik und Zukunftstechnologie
Teilziele:	
Wirtschaft/ Arbeitsmarkt/ Umwelt	Beschäftigung sichern durch aktive, an den Standortqualitäten ausgerichtete Bestandspflege, zukunftsorientierte Ansiedlungspolitik und verbesserter Austausch zwischen Hochschule und Wirtschaft
Einzelhandel/ Dienstleistungen	Ausbau des Oberzentrums durch Entwicklung des innerstädtischen Einkaufserlebnisses sowie der Versorgungsfunktion der Stadtteilzentren und Nahversorgungsbereiche
Stadtentwicklung/ Städtebau/ Verkehr	Behutsame Stadtentwicklung, bei der Innenentwicklung vor Außenentwicklung rangiert, Verbesserung der technischen Infrastruktur und Wiedereinbeziehung der Elbe und des Hafens in das Stadtgefüge
Kultur/Bildung/ Freizeit/ Tourismus	Entwicklung einer lebendigen und indentitätsstiftenden Stadtkultur, die Magdeburger wie Umlandbewohner verbindet und begeistert sowie Magdeburg als Touristen- und Tagungsziel attraktiver macht
Wohnen/ Soziales	Verbesserung der Wohnsituation durch Pflege historisch wertvoller Bausubstanz, Sanierung bestehender Wohnungen oder durch umgebungsangepaßte Neubauten sowie Schaffung eines attraktiven Wohnumfeldes mit Freizeit- und Versorgungsangeboten und guter ÖPNV-Anbindung

Abbildung 2: *Leitbild und Teilziele für die Stadt Magdeburg*

Die wesentlichen Bezüge bzw. Assoziationen, die mit den einzelnen Leitbildformulierungen verbunden werden sollen, lauten wie folgt:

"Unsere" Stadt	=> Innere Werbung, Bürger für ihre Stadt Magdeburg
"Grüne" Stadt	=> Starke Naturverbundenheit der Stadt (Börde, Fruchtbarkeit der Böden, zahlreiche Innenstadtgrünflächen, Gewächshäuser)
"Landeshauptstadt im Herzen Sachsen-Anhalts"	=> zentralörtliche Funktion, Infrastruktureinrichtungen einer Landeshauptstadt; Polittourismus; zentraler Anlauf- bzw. Ausgangspunkt für Besucher des Umlandes
"Lebenswerter Wohnort"	=> Steigerung der Attraktivität von Magdeburg als Wohnort
"Aufstrebendes Wirtschaftszentrum"	=> Der Wille, trotz großer Rückschläge nach der Wende, an die glanzvolle wirtschaftliche Tradition der Stadt anzuknüpfen.
Stadt als "Brücke"	=> Verbindung zwischen Kontrapunkten, die die Stadt charakterisieren
"Gute Nachbarschaft"	=> Aufgeschlossenheit und Hilfsbereitschaft der Bürger gegenüber Besuchern und Fremden, partnerschaftliches Verhalten untereinander
"Großstadterlebnis"	=> Aufbau eines Stadterlebnisses, z.B. Einzelhandel, City-Entwicklung
"Naturwissenschaft"	=> Universität, Forschung
"Traditionelle Technik"	=> Halbkugelversuch, technische Sehenswürdigkeiten, Maschinenbau
"Zukunftstechnologien"	=> Technologie-, Gründer- und Innovationszentrum; mit und in neuen Technologien Arbeitsplätze schaffen, Entwicklung neuer Technologien

Zukunftsaussichten

Ein künftiges Ergebnis aus der Umsetzung des städtischen Leitbildes könnte sein, daß aus der Zwei-Sterne-Stadt Magdeburg eine Vier-Sterne-Stadt wird.

Das Projekt Stadtmarketing Magdeburg wird inzwischen von Stadt und Land auch finanziell unterstützt.

Stadtmarketing Tangermünde

Von Regina Roß

Vorbemerkung

Ich möchte über das jüngste Projekt des Stadtmarketings in Sachsen-Anhalt berichten. Wir haben erst im November 1994 angefangen. Ich bin im Unterschied zu den Vorrednern Ökonomin, habe 16 Jahre am Forschungsinstitut des Binnenhandels in Berlin gearbeitet und bin seit 1991 selbständig.

Ich arbeite als Gebietsleiterin eines Beratungsunternehmens aufgrund meines Lokalvorteils in den neuen Bundesländern, und dazu gehört nun auch Tangermünde. Es ist ein sehr schönes Projekt und ich gerate immer ins Schwärmen, wenn von Tangermünde die Rede ist. Weil das vielleicht viele von Ihnen nicht nachvollziehen können, da Tangermünde noch nicht bekannt genug ist, liegt es jetzt am dortigen Stadtmarketing, hier Abhilfe zu schaffen.

Stadtforen

Nachdem die Langzeitprojekte mit dem Problem eines hohen Erwartungsdrucks zu kämpfen haben, hat sich das Wirtschaftsministerium entschlossen, Pilotprojekte ins Leben zu rufen, die sogenannten Stadtforen.

Diese Stadtforen liefen nur über ein Vierteljahr und in dieser Zeit konnte geprüft werden, ob es überhaupt Sinn und Zweck hat, an einem bestimmten Ort und mit einem bestimmten Berater ein derartiges Projekt durchzuführen. Tangermünde hat so in einem Vierteljahr das absolviert, wozu andere Städte wesentlich länger brauchen. Wir haben zunächst unser Handwerkszeug angewandt, also eine Stärken-Schwächen-Analyse durchgeführt und auch mit den Gruppen gearbeitet, die wir ins Leben gerufen haben.

Der Auftakt wurde mit einer ganz hervorragenden Resonanz von 60 Teilnehmern in einer Gemeinde mit 11.000 Seelen gestartet. Ungefähr genausoviele Leute haben dann nach der Hälfte der vorgegebenen Zeit, also über einen Monat später, an den Workshops teilgenommen, um sich über die gesammelten Informationen auszutauschen.

Wir haben in Tangermünde einen größeren Erwartungsdruck gehabt, weil bestimmte Initiativen zuvor nicht ins Laufen gekommen sind und Organisationsstrukturen auch nicht richtig funktionierten. Wie in sehr vielen Städten existierten reichlich Kommunikationsschwierigkeiten und wie es in einer Kleinstadt üblich ist, sind viele Dinge schneller bekannt als es einem lieb ist, und bevor die Fragen mit Hilfe einer Öffentlichkeitsarbeit in die richtigen Bahnen gebracht werden konnten. Daraus ergibt sich auch für eine Kleinstadt eine erhebliche Menge zu lösender Aufgaben.

Nur hat Tangermünde ein riesiges Pfund. Wir haben nämlich trotz der wirtschaftlichen Umbruchsituation und der sehr starken Verminderung des Industriepotentials eine ganz hervorragende mittelalterliche Stadtstruktur. Es gibt noch eine richtige Stadtmauer mit Türmen, und die Stadt hat eine Silhouette, die ihresgleichen sucht. Tangermünde hat obendrein noch ein weiteres "Bonbon", das die Leute aus Westdeutschland immer ins Schwärmen bringt, die Stadt ist nämlich noch so, wie sie war, es ist noch nichts wesentliches verändert worden. Dank der Erfahrung und eines Sanierungsprogramms wird die alte Substanz auch wieder hergerichtet und zum Leid einiger Bürger wird der Denkmalschutz dem einen oder anderen eine moderne Lebensweise nur mit Einschränkungen gestatten. Fahrradfahren in Tangermünde ist z.B. ein Abenteuer, da müssen wir uns noch mit den Behörden auseinandersetzen.

Dank weiterer Förderung kommt jetzt erst das richtige Stadtmarketingprojekt in Gang. Wir haben einen riesigen Aufgabenberg, den wir bereits in einem Konzept zusammengefaßt haben. Inzwischen ist ein Buch, eine Art Fibel, in der alle Maßnahmen zusammengestellt sind, erarbeitet worden. Mit den Tagermündern zusammen und über die Initiativgruppe hinaus haben wir festgestellt, daß wir unsere Aktivitäten von Anfang an in die richtigen Bahnen bringen müssen. Das wichtigste Ergebnis war, daß wir uns nach dem Workshop einig waren, einen Verein zu gründen, den Tangermünder Hansering.

Dieser hat jetzt die Funktion, das Stadtmarketing zu übernehmen, ist also mehr als eine Werbegemeinschaft und auch mehr als ein Fremdenverkehrsverein. Tangermünde mit seinen Pfunden und seiner mittelalterlichen Stadtstruktur kann tatsächlich den Fremdenverkehr als eine seiner wirtschaftlichen Entwicklungsmöglichkeiten nutzen. Wir werden jetzt in Tangermünde mit dem Stadtmarketing nicht nur dafür sorgen, daß das durch Externe begleitet wird, sondern wir werden dies mit Hilfe unseres Fachwissens auch umsetzen.

Tangermünde ist bisher glücklicherweise von Konzepten verschont geblieben. Es liegt nichts in der Schublade, für das bereits Gelder unnütz ausgegeben worden sind und das überaltert ist. Wir werden also die Entwicklung der Stadtstruktur, des Verkehrs, des Einzelhandels und des Fremdenverkehrs mit unserem Fachwissen begleiten und untersetzen, und im Marketingkonzept die Forderungen so formulieren, daß sie rasch Ergebnisse bringen können.

Entwicklungsziele

Als Entwicklungsziele wurden formuliert:
- Die Innenstadt von Tangermünde soll zukünftig von einem florierenden Handel geprägt sein. Dazu müssen sowohl entsprechende Rahmenbedingungen durch die Stadtverwaltung gesetzt werden als auch Maßnahmen der Kaufmannschaft wie einheitliche Öffnungszeiten und Gemeinschaftswerbung erfolgen. Der Einkaufsstandort Tanger-

münde soll durch Sonderöffnungszeiten für touristisch relevante Branchen gegenüber benachbarten Städten aufgewertet werden.
- Der historische Stadtkern soll durch lückenlose Sanierung wieder schrittweise instand gesetzt werden. Die Altstadt soll sich zu einem überschaubaren und florierenden Zentrum entwickeln. Ein auf die verschiedenen Bedürfnisse ausgerichtetes Parkplatzangebot und die Durchsetzung der "verkehrsberuhigten Zone" sollen für gute Erreichbarkeit und Aufenthaltsqualität sorgen.
- Die Erhaltung der Wohnfunktion, Einzelhandel, Dienstleistungen, verschiedene gastronomische und kulturelle Angebote als Grundlage von Vielseitigkeit und Lebendigkeit sichern die Anziehungskraft von Tangermünde und machen die Stadt überregional bekannt.
- Der Tourismus ist als wichtiger Wirtschaftszweig und weicher Standortfaktor der Stadt auf der Grundlage eines Fremdenverkehrs- und Freizeitkonzeptes gezielt zu entwickeln.
- Durch
  o eine zeitgemäße und nachfragegerechte Aufbereitung der Sehenswürdigkeiten,
  o eine vielseitige Nutzungsstruktur der historischen Gebäude und Belebung der Kernstadt sowie
  o den Ausbau der Freizeit-, Animations- und Veranstaltungsangebote
  ist die Stadt zu einem überschaubaren Erlebnisbereich für Bürger und Besucher zu entwickeln.
- Neben kulturellen und kulturhistorischen Magneten der Altstadt muß die malerische Lage und attraktive Einbindung in die Landschaft besser in Szene gesetzt werden. Naturnahe Angebote sind von öffentlicher und privater Seite auszubauen.
- Es muß eine wesentliche Verbesserung der Übernachtungszahlen erreicht werden. Ein angemessenes Preis-Leistungsverhältnis und eine bessere Auslastung der Beherbergungsbetriebe sind durch eine gesteigerte Zahl der Ausflügler und Tagesgäste, Eigeninitiative, koordiniertes Vorgehen und die Zusammenarbeit zwischen den innerörtlichen Leistungsträgern zu erreichen.
- Die regionale Zusammenarbeit innerhalb der Altmark ist zu fördern. Über eine Vernetzung der Angebote kann Tangermünde neue Zielgruppen gewinnen.
- Es ist eine professionelle Vermarktung der Stadt als Fremdenverkehrs-, Einkaufs- und Freizeitstandort anzustreben.
- Durch verbessertes Marketing und die Einbindung in die Aktivitäten überörtlicher Organisationen bzw. Verbände ist der Bekanntheitsgrad von Tangermünde als Reise- und Ausflugsziel zu erhöhen und ein positives Image zu schaffen.
- Der Tangermünder Hansering e.V. wird Träger des Stadtmarketing. In ihm sind Tangermünder Kaufleute, Gastwirte, Kultur- und Freizeitvereine sowie -anbieter, die Stadtverwaltung u.a. Interessengruppen vertreten. In der Anfangsphase soll die Arbeit im Rahmen eines Projektes von externen Fachleuten betreut werden.

Maßnahmenkatalog

Hieraus ergibt sich der Maßnahmenkatalog:

- Rahmenplanung für das Sanierungsgebiet auf der Basis eines tragfähigen Kompromisses zur Verhinderung von Wildwuchs und Gestaltungsmängeln;
- Differenzierte Analyse des Einkaufsstandortes Tangermünde zur Erarbeitung fundierter Lösungsvorschläge für die Belebung der Geschäftsstraßen der Altstadt;
- Stärkung der Organisation der Kaufmannschaft zur Durchsetzung einheitlicher Öffnungszeiten und der Gemeinschaftswerbung;
- Erstellung eines umfassenden Fremdenverkehrs- und Freizeitkonzeptes auf der Grundlage einer differenzierten Fremdenverkehrs- und Imageanalyse;
- Erweiterung der Beherbergungskapazitäten, insbesondere

  o Hotel mit Busgruppen-Kapazität,

  o Ausbau von Ferienwohnungen (insbesondere für Familien);
- Ausbau der Seminar- und Tagungsinfrastruktur;
- Erweiterung der Gastronomie im unteren Bereich (Cafes, Imbiss, Gaststätten) und im gehobenen Bereich Außengastronomie, mehr regionale Küche;
- Radwanderweg Altmark: Ausbau des Radwegenetzes in und um Tangermünde;
- Ausbau des geplanten Sport- und Freizeithafens;
- Gestaltung einer Tangerpromenade entlang der Stadtmauer mit Landschaftspark;
- Sanierung und touristische Nutzung der Stadtmauertürme;
- Verbesserung der Freizeit-, Sport- und Hobbyangebote;
- Ausbau der Veranstaltungen und Animationsangebote, Erabeitung eines ganzjährigen Veranstaltungsprogramms als Grundlage gezielter Werbung;
- Akquisition von Fachveranstaltungen und Tagungen;
- Aufbau einer Dauer-Ausstellung zum Thema Sanierung historischer Fachwerk- und Backsteingebäude mit Schaffen einer "Experimentier-Wand";
- Ausbau eines umfassenden Orientierungssystems, um die Erreichbarkeit und Überschaubarkeit der Stadt zu sichern, Besucherinformations- und Leitsystem, u.a. Altstadt-Infopfad;
- Durchführung flankierender Maßnahmen zur Verkehrsberuhigung bis zur endgültigen Umsetzung des städtischen Verkehrskonzeptes nach Abschluß der Infrastrukturarbeiten und der Schaffung des Parkplatzes in der Lindenstraße;
- Aktion "sauberes Tangermünde";
- Einrichtung öffentlicher Toiletten;
- Verbesserung der Straßenreinigung;
- Begrünung der Straßen und Plätze der Altstadt durch Baumpflanzungen in Anlehnung an historische Aufnahmen;
- Nutzung des für alle Branchen nutzbaren Stadtlogos (Abb. 1) und Erarbeitung eines vermarktungsfähigen Slogans durch den Tangermünder Hansering e.V. und die städtische Wirtschaftförderung;

- Entwicklung von Pauschalangeboten;
- Herausgabe eines Verkaufskatalogs (Imageprospekt, Verzeichnis der Gastgeber, Pauschalangebote, Veranstaltungskalender);
- Gründung eines Fremdenverkehrvereins Tangermünde;
- Einstellen einer hauptamtlichen Fremdenverkehrskraft, die gleichzeitig Leiterin des Fremdenverkehrsvereines ist, und die Kontinuität der Aktivitäten sichert;
- Verbesserung der Wegebeleuchtung und Anstrahlen der wichtigen Sehenswürdigkeiten in der Altstadt;

Abbildung 1:
Logo der Stadt Tangermünde

Für ein Stadtmarketingprojekt ist wichtig, daß man die Ergebnisse seiner Arbeit recht schnell sieht. So konnten wir schon erreichen, daß es zu einem sehr intensiven Dialog mit dem Sanierungsträger und zu handfesten Ergebnissen gekommen ist. Der Sanierungsträger hat in seinendiesjährigen Haushalt beispielsweise Verbesserungen zur Beleuchtung aufgenommen. Eine weitere Idee, die wir eingebracht haben, ist, aus der alten Stadtstruktur mehr Lebendigkeit zu gewinnen, also z.B. eine Schauwerkstadt während der Sanierungsarbeiten einzurichten.

Ein sehr schwieriges Denkmal erster Güte, in das man nur sehr schwer moderne Lebensqualität hineinbringen kann, kann höchstwahrscheinlich nun mit einer teilöffentlichen Nutzung umgesetzt werden. Der Privatbesitzer war vorher nicht in der Lage dieses große Denkmal mit dem entsprechenden Eigenanteil zu versehen; eine gute Lösung im privaten wie öffentlichen Interesse. Auch die entsprechende Finanzierung ist entwickelt worden und gleichzeitig wurde ein Beitrag für das Interessanterwerden der Stadt geleistet. Dank der Erkenntnis, daß der Fremdenverkehr in Tangermünde Chancen hat, arbeiten dort inzwischen eine ganze Menge Leute im Gastgewerbe. Allerdings sind sie sich bisher in keiner Weise einig. Der Fremdenverkehrsverband der Region ist jedoch inzwischen in die Stadt geholt worden. Es war eine gute Leistung der Stadtverwaltung, für diesen Fall entsprechende Möglichkeiten vorzuhalten.

Dennoch ist die Stadt Tangermünde diejenige Stadt, die am schlechtesten vermarktet wird, was auch daran liegt, daß die Potenzen aus der Stadt nicht in die Gremien gertragen werden. Es gab jedoch durch unser Projekt jetzt einen Schritt nach vorne. Das war bei dem Vergleich der ITB in diesem Jahr mit der aus dem vorigen Jahr spürbar. Es gibt noch eine Menge Arbeit, wir werden uns damit beschäftigen und wir werden uns unter das Motto stellen: "Tangermünde soll mit seiner Besonderheit im Gesamtverband Altmark seinen entsprechenden Platz finden". Es ist viel zu klein, um mehr Angebote als für einen Tagesausflug zu bieten, man ist eben in einer Kleinstadt auch schnell herum. Aber es könnte ein Standort für Leute werden, die sich länger in der Altmark aufhalten wollen.

Tangermünde will mehr Kulturangebote in die Stadt holen. Der Vorstand des Tangermünder Hanserings will bereits im Mai ein neues Stadtfest initiieren. Dank der Burg, die Tangermünde hat, gibt es ein traditionelles Burgfest, zudem jetzt zusätzlich ein Spargelfest initiiert werden soll, denn der Spargel ist ein typisches Produkt dieser Region. Als nächster Schritt soll die entsprechende Promotion nach außen getragen werden. Ich lade alle, die aus dieser Region sind, ein, zum nächsten Spargelessen im Mai nach Tangermünde zu kommen. Und ich denke mir, sie werden in einem Jahr über Tangermünde auf ganz anderen Ebenen hören. Wir werden uns tüchtig Mühe geben, Nägel mit Köpfen zu machen.

Teil III:

Theoretische Grundlagen des Regionalmarketings

Grundlagen für das Regionalmarketing
Eine Einführung

Von Hans-Jürgen von der Heide

Zum Verhältnis von Stadt- und Regionalmarketing

Die Überlegungen zum Regionalmarketing können unmittelbar an die Berichte zum Stadtmarketing anschließen. Es gibt zwischen Stadtmarketing und Regionalmarketing viel Übereinstimmung aber auch Unterschiede, denn Stadtmarketing und Regionalmarketing bewegen sich auf zwei Ebenen. Das Stadtmarketing auf der lokalen, das Regionalmarketing auf einer weit darüberliegenden Ebene der Region.

Wie das Stadtmarketing ist auch das Regionalmarketing ein Instrument, mit dem versucht wird, die Kooperation zwischen Verwaltung, Politik, Wirtschaft, gesellschaftlichen Organisationen, den Industrie- und Handelskammern, den Handwerkskammern und den Gewerkschaften zu gemeinsamer Zielfindung und zu enger Zusammenarbeit in der Verwirklichung der gefundenen Ziele zu verbessern. Im weitesten Sinne ist es also ein Planungs- und Verwaltungsinstrument, das weit über den Bereich der öffentlichen Verwaltung hinaus reicht.

Zu den Begriffen "Region" und "regional"

Regionalmarketing knüpft an den Begriff "Region" an und hier beginnt die Schwierigkeit, denn für die "Region" gibt es in Deutschland keine Definitionen. Die Begriffe "Region" und "regional" werden für ganz unterschiedliche Gegebenheiten verwendet. Drei davon sollen kurz vorgestellt werden, weil sich aus ihnen Rückschlüsse zu dem ziehen lassen, was im Sinne von Regionalmarketing als Region zu verstehen ist.

Das erste Beispiel ist die Euro-Region, also der Regionsbegriff für die regionale Gliederung der Europäischen Union. Im Rahmen der Europäischen Union sind heute die Bundesländer für Deutschland die Europäischen Regionen. Die Bundesländer sind deshalb auch im Ausschuß der Regionen in Brüssel vertreten. Es liegt auf der Hand, daß sie für die hier zu lösenden Aufgaben regionaler Zusammenarbeit keine brauchbare Basis abgeben können. Dafür ist das Größenverhältnis der Länder untereinander viel zu unterschiedlich.

Die unterschiedlichen Dimensionen werden deutlich, wenn man z.B. das größte Bundesland Nordrhein-Westfalen mit dem Stadtstaat Bremen, dem Stadtstaat Hamburg oder mit dem kleinsten Flächenland, dem Saarland, vergleicht. Ergänzend sei angemerkt, daß in Nordrhein-Westfalen heute mehr Menschen leben als in den sechs östlichen Bundesländern einschließlich der westberliner Bevölkerung zusammen.

Die von den Ländern vorzunehmende Planung ist staatliche Aufgabe und vollzieht sich in der Landesplanung. Sie kann sich auch in Landesentwicklungsprogrammen konkretisieren, die ebenfalls in ihrer Wirkung staatliche Entscheidung sind. In ihnen ist für Regionalmarketing kein Raum.

Der Begriff "regional" kehrt dann bei der Regionalplanung wieder. Die Regionalplanung ist die Planungsstufe zwischen der Landesplanung und der Bauleitplanung der Gemeinden. Im Raumordnungsgesetz hat der Bund für diese Raumplanungsstufe den Ländern rahmenrechtlich einen weiten Spielraum gelassen. Die Länder haben diesen Spielraum nutzend ganz unterschiedliche Systeme für die Regionalplanung geschaffen.

In Süddeutschland (Bayern, Baden-Württemberg und Rheinland-Pfalz) sind regionale Planungsgemeinschaften gebildet worden, in denen die Kommunen (Städte, Kreise und Gemeinden) wesentliche Mitwirkungsrechte haben; auch dann, wenn die Geschäftsstellen der Planungsverbände bei den Regierungspräsidenten verankert sind, wie in Rheinland-Pfalz. Ein anderes Modell ist in Nordrhein-Westfalen und in Hessen entwickelt worden. Hier wird die Regionalplanung auf der Ebene der Regierungspräsidien unter kommunaler Beteiligung wahrgenommen. Bei der Größe, vor allem der nordrhein-westfälischen Regierungsbezirke, mit zum Teil mehr als 5 Millionen Einwohnern, sind die regionalen Planungsräume groß. Niedersachsen hat die Regionalplanung den Landkreisen übertragen. In Schleswig-Holstein wird die Regionalplanung staatlich wahrgenommen. Den Kreisen ist eine Kreisentwicklungsplanung übertragen worden. In den drei Stadtstaaten Berlin, Bremen und Hamburg ist der Flächennutzungsplan im Sinne des Baugesetzbuches zugleich auch Regionalplanung. Das Saarland hat bei der beschränkten Flächengröße und Einwohnerzahl auf regionale Untergliederungen verzichtet. Hier nimmt die Landesplanung zugleich auch Aufgaben der regionalen Planung wahr. In den fünf neuen Flächenländern ist die Entwicklung noch im Fluß. Je nach der Stärke der Beratung haben sie das eine oder andere System adaptiert.

Hier ist anzumerken, daß bei den Überlegungen für das "Planungsrecht 2000" gegenwärtig diskutiert wird, ob das Rahmenrecht des Bundes so viel Freiraum wie bisher lassen kann. Es gibt Überlegungen, den bundesrechtlichen Rahmen sehr viel stärker auszufüllen und damit auf eine größere Vereinheitlichung des Planungsinstrumentes Regionalplanung hinzuwirken. Dabei spielt auch eine Rolle, daß man ernsthaft überlegen muß, nicht zuletzt im Hinblick auf Fördermaßnahmen der Europäischen Kommission, einheitlichere Maßstäbe für die Regionalisierung in Deutschland zu schaffen.

Auf Dauer wird es, wenn man nicht an der These festhalten will, die Bundesländer sind europäische Regionen, notwendig sein, größere Übereinstimmung für die Regionalplanung zu schaffen. In der gegenwärtigen Debatte zum "Planungsrecht 2000" wird auch darauf hingewiesen, daß es vor allem in Verdichtungsräumen notwendig werden kann, die Durchgriffsmöglichkeit der Regionalplanung zur Verwirklichung regionaler Konzepte gegenüber der Bauleitplanung der Gemeinden zu verstärken. Dazu wird gesagt: Die Grenze zwischen Flächennutzungsplanung und Regionalplanung müsse neu überdacht werden, denn eine denkbare Hochzonung der Flächennutzungsplanung werde politisch kaum durchsetzbar sein. Aus all dem wird deutlich, daß gegenwärtig für die Regionalisierung die Gesetzgebung in Fluß gekommen ist.

Lassen Sie mich einen dritten Regionalbegriff ansprechen, die Arbeitsmarktregionen, auf denen die regionale Wirtschaftsförderung im Rahmen der Gemeinschaftsaufgabe "Verbesserung der regionalen Wirtschaftsstruktur" beruht. Arbeitsmarktregionen sind Gebiete mit Pendlerverflechtung. Sie sind inzwischen gemeinde- und kreisscharf abgegrenzt. In der alten Bundesrepublik gab es etwas über 180 Arbeitsmarktregionen. In ganz Deutschland sind es jetzt um die 240. Sie sind in ihrem Größenzuschnitt sehr unterschiedlich. Es gibt Arbeitsmarktregionen mit mehreren Millionen Einwohnern, wie etwa Berlin, Hamburg, Stuttgart und München und solche, mit nur wenigen 100.000 im Verflechtungsbereich, z.B. rund um Mittelzentren. Eine Arbeitsmarktregion hat statistische Bedeutung, denn in ihrem Rahmen werden die Daten für die regionale Wirtschaftsförderung ermittelt. Die Arbeitsmarktregionen, die mit ihrer Wirtschaftskraft am Ende der Skala stehen, werden in die regionale Wirtschaftsförderung der Gemeinschaftsaufgabe "Verbesserung der regionalen Wirtschaftsstruktur" einbezogen. In den neuen Ländern spielt dies gegenwärtig noch keine entscheidende Rolle, weil sie alle mit ihrer gesamten Fläche noch Fördergebiet der Gemeinschaftsaufgabe sind. Bei der bevorstehenden Neuabgrenzung der Fördergebiete wird es hier sicher Änderungen geben, denn auch in den neuen Ländern muß eine räumliche Konzentration der Förderung angestrebt werden.

Zusammenfassend kann also nur gesagt werden, daß die bisherigen Anwendungsformen für die Begriffe "Region" und "regional" für das hier zu behandelnde Thema nichts Konkretes hergeben.

Forderungen der Raumordnung

Das Problem regionaler Zusammenarbeit sei nun von einen anderen Ausgangspunkt her beleuchtet, nämlich dem der Raumordnung.

In der räumlichen Entwicklung in Deutschland gibt es gegenwärtig zwei besondere Problembereiche:
- die Verdichtungsräume und
- wirtschaftsschwache, meist periphere, überwiegend ländlich bestimmte Randregionen.

Die Unterschiede zwischen diesen beiden Raumtypen sind gravierend, aber beide müssen, jede für sich, mit ganz anderen Zielrichtungen und Mitteln, für ihre weitere Entwicklung öffentliche Hilfe erhalten.

Die Verdichtungsräume

Die deutschen Verdichtungsräume befinden sich gegenwärtig in einer Phase weiteren Wachstums und damit erheblichen Siedlungsdrucks. Mit dem Entstehen des europäischen Binnenmarktes sind sie einer ganz neuen Konkurrenzsituation ausgesetzt. Im Rahmen des großen Marktes, mit mehr als 350 Millionen Menschen ohne wirtschaftliche Binnengrenzen, müssen sie ihre neue Funktion im Gesamtmarkt ausbilden. Verglichen mit großen Verdichtungsräumen in den anderen europäischen Staaten wie etwa London, Paris, Barcelona und Madrid, sind die meisten deutschen Verdichtungsräume sehr viel kleiner und einwohnerschwächer. Insgesamt ist die Verteilung des Verdichtungsprozesses auf die Fläche in Deutschland günstiger als etwa in Frankreich, Großbritannien und Spanien, weil hier keine Konzentration auf einen oder zwei ganz große Verdichtungsräume stattgefunden hat.

Nach der regionalisierten Bevölkerungsprognose der Bundesforschungsanstalt für Raumordnung und Landeskunde (BfLR) ist bis zum Ende dieses Jahrzehnts mit einer weiteren Zuwanderung von vier Millionen Menschen zu rechnen. Die anderen Forschungsinstitute kommen bei ihren Berechnungen zu ähnlichen Ergebnissen.

Aus der BfLR-Untersuchung wissen wir aber zusätzlich, daß mit großer Wahrscheinlichkeit die Mehrzahl dieser Zuwanderung in die großen leistungsfähigen Verdichtungsräume Westdeutschlands strömen wird, wie ja auch die Zuwanderung von mehr als 1 Million Ostdeutscher nach Westdeutschland ganz überwiegend in leistungsfähige westdeutsche Verdichtungsräume gegangen ist.

Der Bevölkerungszuwachs zwingt zu großen zusätzlichen Wohnungsbauvorhaben, zur Schaffung neuer Arbeitsplätze, zur noch stärkeren Verdichtung des Verkehrs, zur Belastung von Natur und Landschaft. Es ist zu befürchten, daß die bisherigen Instrumente der Planung und die kommunale Gliederung in diesen Verdichtungsräumen nicht hinreichen, um die neuen großen Aufgaben der Umstrukturierung und der Weiterentwicklung zu lösen. Bei der großen Gebiets- und Verwaltungsreform Ende der sechziger Anfang der siebziger Jahre in der ehemaligen Bundesrepublik, sind in der Regel für Verdichtungsräume keine überzeugenden Neuordnungslösungen gefunden worden. Das wirkt sich jetzt nachteilig aus. Auch das Planungsrecht reicht für die Lösung dieser Aufgaben nicht hin. Eine Verstärkung der Regionalplanung ist erforderlich, um regionale Notwendigkeiten lokal durchsetzen zu können.

Hier geht es nicht um Wirtschaftsförderung. Aber ein Eingreifen des Gesetzgebers und des Staates zur Steuerung der weiteren Entwicklung ist geboten.

Ländlich geprägte Randregionen

Bei den wirtschaftsschwachen, meist ländlich geprägten Randregionen steht demgegenüber die Wirtschaftsförderung im Mittelpunkt des Interesses. Zu diesem Raumtyp gehören die Grenzgebiete entlang der Außengrenze der europäischen Gemeinschaft, also der bayerische und der sächsische Grenzraum zur tschechischen Republik sowie der sächsische, der brandenburgische und der mecklenburg-vorpommerische Grenzraum zu Polen; insgesamt ein Gebietsstreifen, der von der Donau bis zur Insel Usedom in der Ostsee reicht. Zu diesen bedrohten Regionen gehören auch die schleswig-holsteinische Nordseeküste und der nördliche Teil Schleswigs, Ostfriesland mit dem Oldenburger Gebiet, einschließlich Wilhelmshaven, das Emsland und im linksrheinischen Deutschland Teile der Eifel, der Großraum Trier, der Hunsrück und Teile der Pfalz.

In diesem Zusammenhang muß auf ein spezielles Problem eingegangen werden, das sich mit der Abrüstung ergeben hat, die durch das Ende des Ost-West-Konflikts möglich geworden ist. Ihre räumlichen Auswirkungen werden - so meine ich - noch gar nicht voll erkannt. Fast eine Million ausländische Soldaten und deren Angehörige haben Deutschland verlassen. Die ehemalige Westarmee der einstigen Sowjetunion mit fast einer halben Million Menschen ist in die GUS-Staaten zurückgekehrt. Abgesehen vom deutsch-französischen Chor sind alle französischen Streitkräfte abgezogen, ebenso Belgier, Niederländer und Kanadier. Die Briten und die Amerikaner haben ihre Streitkräfte stark reduziert. Im Osten ist eine ganze Armee, die Nationale Volksarmee der ehemaligen DDR, aufgelöst worden. Auch die Bundeswehr hat ihre Planstellen stark reduziert. Im Höchststand hatte sie

510.000 Mann. Gegenwärtig sind es noch 340.000 und ein weiterer Abbau ist nicht auszuschließen. Der Verlust an Planstellen in der Bundeswehr ist fast doppelt so groß wie der Mannschaftsstand des 100.000-Mann-Heeres der Reichswehr von 1923 bis zur Wiederaufrüstung 1935.

Die Bundeswehr hat bis jetzt Flächen für zivile Nutzung freigegeben, die in ihrer Größenordnung größer sind als die Landesflächen vom Saarland und Bremen zusammen. Sie können im Endeffekt auf eine Flächengröße fast von Schleswig-Holstein anwachsen. Dies kann nicht ohne Rückwirkung auf die ökonomische Entwicklung, die Siedlungsstruktur und die Raumentwicklung in den davon besonders betroffenen Gebieten bleiben. Besonders betroffen sind aber die neuen Länder und die oben genannten Randregionen. Die sich hier ergebenden Probleme können in der Regel nicht mehr lokal, sondern nur regional gelöst werden. Auch in den genannten Grenzregionen und den übrigen wirtschaftlich schwachen Räumen wird die zukünftige Entwicklung sinnvoll nur regional vorangetrieben werden können.

Eine regionale Betrachtungsweise setzt sich durch

Aufgrund dessen setzt sich zunehmend die regionale Betrachtungsweise durch. Das gilt in besonderer Weise sowohl für die Raumordnung wie auch für die regionale Wirtschaftspolitik.

In der vorigen Legislaturperiode hat die damalige Bundesministerin für Raumordnung, Bauwesen und Städtebau, Dr. Irmgard Schwaetzer, mit dem Orientierungsrahmen für die Raumordnung, in Abstimmung mit der Ministerkonferenz für Raumordnung, das Zielsystem zukünftiger räumlicher Entwicklung bestimmt. Dies war eine mutige Tat, die außerordentliche Anerkennung verdient. Die Bundesministerin hat die volle politische Verantwortung für den Orientierungsrahmen, zusammen mit den Landesplanungsministern, auf die eigene Kappe genommen und auf langwierige und wenig erfolgversprechende Abstimmungsverhandlungen mit den Fachressorts verzichtet. Dieser Orientierungsrahmen wird jetzt durch einen sehr viel konkreteren Handlungsrahmen ergänzt. In beiden spielt regionale Zusammenarbeit für die zukünftige Raumentwicklung eine wesentliche Rolle.

Ein gleicher Prozeß vollzieht sich auch in der regionalen Wirtschaftspolitik. Der Planungsausschuß für die Gemeinschaftsaufgabe "Verbesserung der regionalen Wirtschaftsstruktur" hat Anfang dieses Monats den Rahmenplan 1995 verabschiedet, der wichtige Weiterentwicklungen für die regionale Wirtschaftsförderung vorsieht.

Für das Thema Regionalmarketing ist bedeutsam, daß in Zukunft die Aufstellung regionaler Entwicklungskonzepte durch die Gemeinschaftsaufgabe gefördert werden kann. Bund und Länder stellen für jedes regionale Entwicklungskonzept eine Hilfe in Höhe von 50.000 DM zur Verfügung. Dies ist sicher kein hoher Betrag und er wird in aller Regel auch für die Kosten bei der Erarbeitung eines solchen regionalen Entwicklungskonzeptes nicht ausreichen. Aber es ist doch ein wichtiger Ansatz. Er ist um so wichtiger, weil die Kumulation mit europäischen Fördermitteln zugelassen ist. Die europäische Kommission leistet im Rahmen ihrer technischen Hilfe ihrerseits auch finanzielle Unterstützung für die Erarbeitung regionaler Entwicklungskonzepte. Dies ist für die regionale Zusammenarbeit eine gute Voraussetzung und damit zugleich auch eine Basis für das Regionalmarketing.

Ein Blick zurück

Ergänzend sei bemerkt, daß im Rahmen der Wirtschaftsförderung regionale Zusammenarbeit nicht etwas völlig Neues ist. In der alten Bundesrepublik gab es im Rahmen der Wirtschaftsförderung regionale Aktionsprogramme, die sich vor allem bei der Zonenrandförderung bewährt haben. Es ist eine großartige Leistung, daß es vor allem mit diesem regionalen Instrument gelungen ist, in einem hohen Maße die Gleichwertigkeit der Lebensverhältnisse in allen Teilräumen der alten Bundesrepublik herzustellen. Ein Blick auf die Kaufkraftkarte 1994 ergibt dies ganz eindeutig. In gesamtdeutscher Sicht liegen alle früheren Sorgenkinder des ländlichen Raumes heute im Bundesdurchschnitt ganz Deutschlands. Das ist ein überzeugender Beweis dafür, daß die regionale Wirtschaftspolitik sinnvoll und erfolgreich war.

Gerade in der Zonenrandpolitik haben seit den fünfziger Jahren die vier Zonenrandländer, ihre Kommunen (Kreise, kreisfreien Städte und Gemeinden), die Industrie- und Handelskammern, die Handwerkskammern, die Gewerkschaften und die landwirtschaftlichen Organisationen aufs Engste zusammengearbeitet - bundesweit, landesweit und regional. Nur so konnte es gelingen, diesen stark benachteiligten neuen Grenzraum so auszubauen, daß seine Lebensbedingungen und seine Wirtschaftskraft denen im übrigen Bundesgebiet weitgehend angeglichen werden konnten.

Dies soll nun mit einer konsequenten Regionalpolitik auch für das Gebiet der neuen Länder angestrebt werden.

Was sind regionale Entwicklungskonzepte?

Für das hier zu behandelnde Thema "Regionalmarketing" muß noch konkreter auf die regionalen Entwicklungskonzepte eingegangen werden.

Das Deutsche Seminar für Städtebau und Wirtschaft (DSSW) hat darüber intensiv mit dem Bundeswirtschaftsministerium verhandelt. Die Frage war, was dort unter dem Begriff "regionale Entwicklungskonzepte" verstanden wird und was man gemeinsam tun könnte, um für dieses Instrument zu werben. Es wurde vereinbart, in den nächsten Wochen und Monaten gemeinsam einen Leitfaden für die Praxis von Ländern, Kommunen, Wirtschaft und Gesellschaft zu erarbeiten und in den relevanten Gebieten in ganz Deutschland mehrere Veranstaltungen als Workshops, Seminare usw. durchzuführen.

In der Sache bestand Einigkeit, daß regionale Entwicklungskonzepte nicht Gutachten großer eingeführter Forschungsunternehmen mit Analyse und Prognose sein sollen, sondern daß es, wie schon bei den regionalen Aktionsprogrammen in der alten Bundesrepublik, darum gehen soll, ganz reale Konzepte mit der Festsetzung von Prioritäten zu erarbeiten. Und hier liegt nun der engere Zusammenhang zum Stadtmarketing. Für das Stadtmarketing ist in den Beiträgen klar gemacht worden, daß es in dieser neuen Form der Zusammenarbeit genau auf das Gleiche ankommt, auf die Entwicklung von Leitbildern und Konzepten und auf Vereinbarungen über Prioritäten bei ihrer Verwirklichung.

Stadtmarketing und Regionalmarketing schließen sich nicht aus, im Gegenteil. In vielen regionalen Räumen wird es notwendig sein, daß in den zentralen Städten, seien es Oberzentren oder Mittelzentren, im Wege des Stadtmarketings Entwicklungskonzepte erarbeitet werden, auf die sich die gesamte Regionalentwicklung stützen und ausrichten kann. Im

Rahmen dieser lokalen Konzepte kommt der Revitalisierung der Innenstädte wesentliche Bedeutung zu. Im Rahmen regionaler Gesamtentwicklung hat diese Stärkung der historisch gewachsenen Zentren große Bedeutung. So ist es nicht nur gerechtfertigt, sondern sogar geboten, daß sich das Deutsche Seminar für Städtebau und Wirtschaft nicht nur hilfreich bei der Organisation von Stadtmarketing, sondern ebenso bei der Organisation von Regionalmarketing, einschaltet. Hier geht es sowohl für die Raumordnung, wie auch für die regionale Wirtschaftspolitik, um ein Problemfeld von außerordentlichem Gewicht.

Im Rahmen des gegenwärtig geltenden Konzeptes soll sich regionale Zusammenarbeit auf freiwilliger Basis von unten her entwickeln. Es sollen sich Städte, Kreise und Gemeinden, Kammern, gesellschaftliche Organisationen und andere Interessierte über ihre lokalen Grenzen hinweg zu regionaler Zusammenarbeit zusammenschließen. Grundlage hierfür wird die geographische, die historische, die wirtschaftliche und die kulturelle Entwicklung dieser Teilräume sein. Beispiele einer solchen regionalen Zusammenarbeit sind im Rheinland, rund um den Großraum Köln, im Harz, in Westsachsen und in Oberfranken zu finden. Die Reihe dieser Beispiele ließe sich aber noch wesentlich erweitern. Praktische Beispiele für regionale Zusammenarbeit, auch grenzüberschreitender Art, gibt es am Oberrhein (mit Deutschen, Schweizern und französischen Partnern), entlang der deutsch-niederländischen Grenze, aber auch im Emsland, in Ostfriesland und im Norden Schleswig-Holsteins. Auch in den neuen Ländern lassen sich inzwischen viele Beispiele finden, wie z.B. für das Erzgebirge oder das Elb-Sandstein-Gebirge und den vorpommerschen Raum. In Brandenburg wird sogar flächendeckend regionale Zusammenarbeit angestrebt.

Regionale Zusammenarbeit auch in Verdichtungsräumen

Neue Formen regionaler Zusammenarbeit entstehen auch in den schon o.g. Verdichtungsräumen. Als Beispiel sei hier auf den eben entstandenen Regionalverband Stuttgart hingewiesen. Lösungsmöglichkeiten werden für Berlin/Brandenburg mit dem Speckgürtel rund um Berlin ebenso erwogen wie im Hamburger Raum. In Hannover wird die Einkreisung der Stadt in den Kreis Hannover diskutiert, um nicht zuletzt für die Weltausstellung Expo 2000 ein besseres Fundament zu finden. Die Entwicklung ist also auch in Verdichtungsräumen voll in Gang gekommen.

Bedeutung des Regionalmarketing

Regionalmarketing kann, richtig verstanden, eine besonders wichtige Hilfe für solche neuen regionalen Entwicklungen sein, weil im Regionalmarketing weit über Verwaltung und Politik hinaus, alle wichtigen gesellschaftlichen Kräfte zusammengeführt werden können. Regionale Leitbilder müssen breit getragen sein, wenn sie Erfolg haben sollen. Regionalmarketing kann dazu ein neues brauchbares Instrument sein. An seiner Ausformung wird deshalb verstärkt weiter gearbeitet werden müssen. Die Beispiele, die nachfolgend vorgestellt werden, machen deutlich, daß wir schon ein ganzes Stück vorangekommen sind, wenn es um die Erarbeitung solcher regionaler Konzepte geht. Die Berichte zeigen die Vielfalt des Instruments Regionalmarketing, wer auf welchem Wege in diesem Bereich zusammenarbeitet und wie solche regionale Zusammenarbeit organisiert werden kann. Alle Beispiele zeigen, daß es hier nicht nur um Politik und Verwaltung, sondern auch um die Einschaltung von Wirtschaft und Gesellschaft in die Erarbeitung von Leitbildern geht.

Dabei ist ein Ansatz von unten zwingend. Nur auf freiwilliger Basis läßt sich dieser neue Weg in die Zukunft bewerkstelligen. Dies alles kann nicht von oben angeordnet werden, es muß sich von unten entwickeln, nicht zuletzt auch deshalb, weil nur durch solche Freiwilligkeit das notwendige regionale Interesse und damit Regionalbewußtsein entstehen kann.

Regionalisierung kann weittragende Auswirkungen haben

Zu bedenken ist, daß sich hier etwas entwickelt, daß auf Dauer von großer Sprengkraft für unseren Bundesstaat und seine Gesellschaft sein kann. Wenn es richtig ist, daß in Zukunft, sowohl die nationale wie auch die regionale Förderung, zunehmend auf regionale Entwicklungskonzepte ausgerichtet sein wird, dann ergibt sich daraus, daß endgültig ein flächendeckendes System von Regionen in Deutschland entstehen muß. Man darf davon ausgegehen, daß diese endgültige flächendeckende Regionalisierung, etwa auf der Ebene der Regierungspräsidien und damit oberhalb von Arbeitsmarktregionen, liegen wird. Gerade bei den kleinen Arbeitsmarktregionen werden sich mehrere zu einer größeren Region zusammenfinden müssen, wenn sie im Konkurrenzkampf bestehen wollen. Solche Regionen können, der Harz und das Sauerland, das Erzgebirge und das Elb-Sandstein-Gebirge, Teile der Ostseeküste, Vorpommern, Niederbayern, das bayerische Schwaben, die Pfalz und die Eifel sein, um nur einige markante Beispiele zu nennen.

Viele dieser historisch gewachsenen regionalen Räume werden durch Landesgrenzen zerschnitten. Der Harz z.B. setzt sich aus niedersächsischem, sachsen-anhaltinischem und thüringischem Gebiet zusammen. Große Verdichtungsräume überschreiten mehrfach die Landesgrenzen. Bei Berlin und Hamburg ist dies evident. Ihre Wirtschaftsräume reichen weit in das brandenburgische, in das schleswig-holsteinische und in das niedersächsische Umland hinaus. Im Rhein-Neckar-Raum gibt es bereits eine grenzüberschreitende regionale Planungsgemeinschaft, den Rhein-Neckar-Verband, der baden-württembergische, rheinland-pfälzische und hessische Gebietsteile zu einer regionalen Planungseinheit zusammenfaßt. Der Großraum Frankfurt entwickelt sich inzwischen weit über den Rhein in rheinland-pfälzisches Gebiet hinein. Auch der Verdichtungsraum Köln beginnt nach Rheinland-Pfalz hineinzuwachsen. Im mitteldeutschen Raum ist dies für das alte mitteldeutsche Industriegebiet mit Leipzig und Halle evident. Vielfach werden also beim Zusammenwachsen solcher Regionen Landesgrenzen übersprungen werden müssen. Das setzt neue Formen der Zusammenarbeit zwischen den Bundesländern voraus.

Gerade mit Blick auf den in Gang befindlichen Verdichtungsprozeß ist es vorstellbar, daß wir in absehbarer Zeit wieder beginnen, über eine Neugliederung des Bundesgebietes im Rahmen und im Sinne des Artikel 29 GG nachzudenken. Zwischen Berlin und Brandenburg steht hier eine Entscheidung im Rahmen der Regelung des Einigungsvertrages an. Wenn sie in Berlin getroffen wird, kann dies unmittelbare Rückwirkungen auf den Hamburger Raum und damit auf die Ländergliederung Nordwestdeutschlands haben. Die Vorstellung des Neugliederungsgutachtens in der ehemaligen Bundesrepublik für die Länder Hessen, Rheinland-Pfalz und Saarland könnten unter dieser Sicht ebenso wieder politisches Gewicht erhalten. Denn eine regionale Gliederung Deutschlands ist im föderalen System der Bundesrepublik eigentlich nur bei großen leistungsstarken Bundesländern sinnvoll.

Richtet man den Blick über die Grenzen unseres Landes hinaus, dann treffen wir auch in anderen europäischen Staaten auf ähnliche Fragen der Regionalisierung. In Italien hat dieses Problem dazu beigetragen, das Staats- und Parteienwesen dramatisch zu verändern. In Spanien hat sich die Regionalisierung weitgehend durchgesetzt und verstärkt sich zunehmend. Ost-Mittel-Europa organisiert sich nach der Öffnung der Grenzen in Europa, so wie schon nach dem Ersten Weltkrieg, relativ kleinräumig und damit regional. Genannt seien etwa die drei baltischen Staaten Estland, Lettland und Litauen, die Aufspaltung der Tschechoslowakei in einen tschechischen und einen slowakischen Staat, die Auflösung des ehemaligen Jugoslawien mit neuen staatlichen Gebilden wie Slowenien, Kroatien, Bosnien/Herzegowina, Mazedonien und schließlich Serbien/Montenegro. Auch Albanien ist von Flächengröße und Einwohnerzahl nur ein kleiner Staat. Auch weiter östlich scheint es im Süden der ehemaligen Sowjetunion, dem alten russischen Kolonialgebiet, ähnliche Entwicklungen zu kleinen Staaten zu geben.

Die Regionalisierung liegt offenbar im Trend unserer Zeit.

Regionalmarketing als politisches Problem

Mit diesem einleitenden Beitrag sollte bewußt versucht werden, nicht die Technik der Zusammenarbeit im Mittelpunkt darzustellen, sondern nahezubringen, daß es beim Regionalmarketing weit über das Stadtmarketing hinaus um ein Instrumentarium geht, das nicht nur in der Form, sondern auch in seiner Art zu ganz neuen Formen in der Zusammenarbeit in unserem Lande führt. Hier geht es nicht alleine darum, Politik, Verwaltung und die Kräfte der Wirtschaft und Gesellschaft zu einer neuen Form der Kooperation zusammenzuführen, hier geht es weit darüber hinaus auch noch darum, neue, regionale Zusammenhänge zu aktivieren und für eine gemeinsame Zukunft wirksam zu machen. Dies ist eine Aufgabe von großer Tragweite und Durchschlagskraft. Für Geographen muß dies doch ein besonders spannendes Themenfeld sein, denn die geographischen Gegebenheiten sind das Rückgrat für regionale Entwicklungen.

Für einen Verwaltungsjuristen wie den Verfasser hat dieses Thema auch insoweit etwas Faszinierendes, weil hier ganz offenbar eine neue Form der Zusammenarbeit entsteht. Wie sind Stadt- und Regionalmarketing wirklich einzuordnen? Verwaltungsinstrumente im herkömmlichen Sinne sind sie nicht und sollen sie auch nicht sein. Sie können zu einer Veränderung der kommunalen Selbstverwaltung führen. Kommunale Selbstverwaltung in unserer Zeit hat sich bedauerlicherweise inzwischen doch wohl weit von dem entfernt, was sich einmal der Freiherr vom Stein unter bürgerschaftlicher Mitwirkung vorgestellt hat. Gegenwärtig macht sich im parteipolitischen Bereich auf der Ebene der großen Städte und der Kreise eine Entwicklung breit, die zu einem neuen Typus von Berufspolitikertum geführt hat. Es gibt zunehmend gewählte Kommunalpolitiker, die dieses Amt nicht formal aber doch praktisch wie einen Beruf ausüben. Offenbar kann man davon heute durchaus leben. Mit dieser Entwicklung haben sich die Grenzen zwischen Politik und Verwaltung zu Lasten der Verwaltung verschoben, was bedauerlich, langfristig sogar gefährlich ist. Dieser Trend mindert das demokratische Fundament in Deutschland und ist wohl auch ein Grund mit für die gewachsende Parteiverdrossenheit. Vielleicht kann hier die neue regionale Zusammenarbeit zu neuen Formen bürgernaher und bürgerschaftlicher Zusammenarbeit führen.

Wenn diese Eindrücke zutreffen, dann muß bei den Überlegungen zum Regionalmarketing sorgfältig bedacht werden, daß die Bemühungen nicht an rein parteipolitischen Gegensätzen scheitern.

Dieser Hinweis macht deutlich, daß es nicht allein um organisatorische Fragen der Zusammenarbeit zwischen unterschiedlichen Einrichtungen und gesellschaftlichen Organisationen geht, sondern daß auch politische Erwägungen in diesem Kooperationsmodell von Bedeutung sein können.

Mitwirkung von außen ist zu empfehlen

So wie bei der Organisation des Stadtmarketings ist auch bei der Organisation des Regionalmarketings die Einschaltung von außenstehenden Fachbüros richtig. Auch im Regionalmarketing sollte dies sicher nicht die endgültige Lösung sein. Später müssen Organisationsformen gefunden werden, die die Zusammenarbeit von innen heraus garantieren. Aber für den Anfang ist es wichtig, jemanden zu haben, der ganz neutral diese Zusammenarbeit organisiert.

Bedeutung der regionalen Identität

Schon in anderem Zusammenhang ist darauf hingewiesen worden, daß es entscheidend darauf ankommt, für regionale Zusammenarbeit die regionale Identität zugrunde zu legen. Nur wenn es Regionalidentität in der Bevölkerung und damit ein Gefühl des Verbundenseins zur Heimat gibt, wird sich ein von den Menschen in diesem Gebiet getragenes Leitbild erarbeiten lassen. Dabei geht es keineswegs nur oder gar in erster Linie um ökonomische Probleme, mindestens ebenso wichtig sind die historischen und die kulturellen Zusammenhänge. Das Leitbild muß sich deshalb auch der Wahrung des überkommenen Erbes annehmen. Nicht allein im Sinne des Denkmalschutzes, der hier sicher Bedeutung hat, sondern weit über die bebaute Umwelt hinaus, des kulturellen Erbes insgesamt (Theater, Museen, Orchester usw.) bis hin zur Wahrung von Dialekten.

Auch hier gibt es aus der alten Bundesrepublik Erfahrungen. Die Zonenrandförderung war durch dreißig Jahre von einem Kulturförderungsprogramm begleitet, das zugleich Hilfen für Einrichtungen der Bildung und Ausbildung geleistet hat. Die wiedererstandene Altstadt von Lübeck mit ihren großartigen Bauwerken der Backstein-Gotik, der Dom Heinrichs des Löwen in Ratzeburg, die Innenstadt von Lüneburg oder von Celle, der Domplatz in Braunschweig und die alte Kaiserstadt Goslar - um hier einfach bei norddeutschen Beispielen zu bleiben -, machen für jeden deutlich, daß dies Kernpunkte sind, an die die regionale Identität anknüpfen kann.

Gerade aus diesen Gesichtspunkten heraus ist es besonders wichtig, daß die Bemühungen um die Revitalisierung von ostdeutschen Innenstädten mit Nachdruck in Angriff genommen oder fortgesetzt werden. Denn das hier vielfach noch erhaltene, zunehmend aber bedrohte Erbe unserer Vergangenheit, darf schon zur Wahrung von regionalen Identitäten nicht untergehen. Gleichförmige, langweilige graue Innenstadt-Zentren können das Lebensgefühl des Menschen kaum prägen. Der Mensch sucht die in der Vergangenheit gewachsene, durch viele Generationen immer wieder umgestaltete, lebensoffene, farbige, abwechslungsreiche Innenstadt, mit der er sich auch individuell als dem Zentrum seiner Heimat verbunden fühlen kann.

Hier liegt das Bindeglied zwischen Stadtmarketing und Regionalmarketing. Im Stadtmarketing geht es darum, das lokale Erbe der Stadt für die Zukunft zu sichern. Im Regionalmarketing muß es darum gehen, die Städte und Gemeinden gerade bei solchen Bemühungen auch unter regionaler Sicht zu unterstützen und die lokale Identität durch die regionale zu ergänzen.

Stadtmarketing und Regionalmarketing haben viele Ähnlichkeiten miteinander. Sie bewegen sich aber auf zwei unterschiedlichen Ebenen und das zwingt dazu, andere Maßstäbe anzulegen und auch den Kreis der Beteiligten zu erweitern. Im Regionalmarketing muß dem Lande ein erheblicher Anteil an Mitwirkungsrechten eingeräumt sein, denn Regionalmarketing und Regionalkonzepte berühren die Landesentwicklung in besonderer Weise. Hier müssen wir weitere Erfahrungen sammeln. Das Deutsche Seminar für Städtebau und Wirtschaft möchte mittelfristig die Aufgabe übernehmen, diese Erfahrungen zu dokumentieren und abzugleichen, und so eine unmittelbare Hilfe zu leisten, damit das Instrument regionale Entwicklungspolitik klar, scharf und brauchbar wird.

Eine weitere wichtige Aufgabe wird darin bestehen, nach Wegen einer guten Zusammenarbeit zwischen Regionalplanung und Regionalmarketing zu suchen. In der Anfangsphase werden sie oft räumlich noch nicht identisch sein. Die Regionalplanung ist im Landesbereich ein flächendeckendes Instrument, während ein von unten freiwillig wachsendes Regionalmarketing in seinem räumlichen Zuschnitt dazu nicht identisch sein muß, sondern sich sowohl aus einzelnen Teilräumen als auch aus grenzüberschreitenden Initiativen heraus entwickeln kann.

Teil IV:

Fallbeispiele zum Regionalmarketing

Regio Rheinland

Von Dieter Noth

Die Indentifikation einer Region

Die REGIO RHEINLAND wurde 1992 als kooparativer Verbund von Gebietskörperschaften, Sparkassen, DGB-Kreisen und Wirtschaftskammern der Region auf freiwilliger Basis gegründet. Zu lokalisieren ist die REGIO RHEINLAND im südlichen Nordrhein-Westfalen am Rhein durch die Städte Leverkusen, Köln und Bonn, im Linksrheinischen durch den Erftkreis, im Rechtsrheinischen durch den Rheinisch-Bergischen und den Oberbergischen Kreis und im Süden durch den Rhein-Sieg-Kreis.

Es handelt sich um einen ca. 4.000 qkm großen, rund um die Kerne Köln und Bonn gelegenen Verdichtungsraum, in dem ungefähr 3 Millionen Menschen leben.

Dieser Raum umfaßt rund 11 % der Fläche Nordrhein-Westfalens, aber über 16 % der Wohnbevölkerung dieses Bundeslandes — die Bevölkerungsdichte ist also deutlich höher als der Durchschnitt Nordrhein-Westfalens. Die Region besitzt eine hohe Anziehungskraft: Das Bevölkerungswachstum der letzten 10 Jahre lag deutlich höher als der Landesdurchschnitt.

Die ökonomische Struktur

Betrachtet man die Arbeitsplätze, so läßt sich auch hier eine höhere Dynamik als im Landesdurchschnitt erkennen. Bei den Wirtschaftssektoren domoniert der Dienstleistungsbereich. Zwei Drittel aller Beschäftigten sind hier tätig. Neben der öffentlichen Verwaltung, der Versicherungswirtschaft und dem Handel hat sich in den letzten Jahren besonders die Medien- und Kommunikationswirtschaft mit weit überdurchschnittlichen Wachstumsraten hervorgetan. Gleichwohl ist die Region eine traditionelle Industrieregion, die von Chemie, Fahrzeug- und Maschienenbau geprägt ist.

Die Medien- und Kommunikationswirtschaft (Medien i.e.S., Print, Telekommunikation, Werbung u.ä.) entwickelt in der Region eine solche Dynamik, daß die Wachstumsrate der Beschäftigung mit über 24 % die bereits über dem Landesdurchschnitt liegende Wachstumsrate der Gesamtbeschäftigung (5,7 %) deutlich übersteigt (Vergleichszeitraum 1988 -

1994). Die Umsätze in der Medien- und Kommunikationswirtschaft konnten für einen vergleichbaren Zeitraum sogar eine Steigerung von fast 70 % verzeichnen. Daß auch hiermit das Wachstum weit überdurchschnittlich ist, braucht keine Erwähnung.

"Fernsehen wird am Rhein gemacht" – die Medienwelt und die Telekommunikation (in Bonn hat mit der Deutschen Telekom das zweitgrößte Kommunikationsunternehmen der Welt seinen Sitz) kennzeichnen die Region. Gleichwohl darf der traditionelle Industriekern nicht vernachlässigt werden. Chemie, Fahrzeug- und Maschinenbau bilden ein starkes Standbein der ökonomischen Struktur. Dazu treten im Linksrheinischen die zukunftsträchtigen Bereiche der Energie und der Umwelttechnik. Im rechtsrheinischen Raum lassen sich vor allem kleine bis mittelständische Betriebe im Zulieferbereich und auch der Tourismus nennen.

Ergänzt wird dieser Brachenmix in der Region durch herausragende Einrichtungen der Wissenschaft und Forschung. Zwei bedeutende Universitäten haben hier neben herausragenden Forschungszentren im Telekommunikations- und im Gentechnikbereich ihren Sitz. Auch die deutsche und europäische Weltraumfahrt wird in großen Teilen von hier aus geplant und gesteuert.

Der hohe Standard der Wissenschafts- und Forschungseinrichtungen und die starke Stellung des Dienstleistungs- und des Industriesektors sind gleichermaßen verantwortlich für den hohen Bildungs-, Ausbildungs- und Qualifizierungsgrad der Beschäftigten.

Die Organisation der regionalen Kooparation

Der kooperative Verbund REGIO RHEINLAND wird getragen von zwei Säulen. Die eine Säule bildet der Zusammenschluß der sieben Gebietskörperschaften, der Sparkassen und der DGB-Kreise (REGIO KÖLN/BONN UND NACHBARN e.V.), die zweite Säule wird dargestellt durch die VEREINIGUNG VON WIRTSCHAFTSKAMMERN ZUR FÖRDERUNG DER REGION KÖLN/BONN, das sind die Industrie- und Handelskammern zu Köln und Bonn, der Handwerkskammer zu Köln und der Landwirtschaftskammer Rheinland. Diese beiden regionalen Zusammenschlüsse arbeiten sehr eng zusammen und stimmen sich in ihren Aktivitäten ab.

Zur Durchsetzung ihrer Ziele hat die kommunale Säule als operative Basis ein Regionalsekretariat (Büro für regionale Analyse und Innovation/brain) im Juli 1993 eingerichtet. Das Regionalsekretariat hat die Aufgabe, bei der Zieldefinition für die Region mitzuwirken und Maßnahmen, die für die Förderung der Region von Belang sind, zu entwickeln und umzusetzen.

Die Ziele und die Instrumente

Es lassen sich drei Arbeitsfelder definieren:
- die Öffentlichkeitsarbeit für die Region;
- die Begleitung des Strukturwandels durch die Bearbeitung bedeutender regionaler Handlungsfelder und
- die Plazierung der Region in Europa.

Für die Entwicklung der Region sind zwei regionale Entwicklungskonzepte erarbeitet worden, deren Entwicklungsziele sich auf die Begleitung und Förderung des Strukturwandels richten. Als Stichworte können hier genannt werden: Projekte zur Flächenmobilisierung und zum Flächenmanagement, Fragen der Verkehrsinfrastruktur (besonders des ÖPNV), Überlegungen zur umweltfreundlichen Bewältigung des zunehmenden Gütertransports im Verkehrs- und Handelsknotenpunkt REGIO RHEINLAND. Der Begriff Strukturwandel hat dabei für die südliche Teilregion, also für die Stadt Bonn und den Rhein-Sieg-Kreis, durch den Umzugsbeschluß des Bundestags und von Teilen der Regierung, eine besondere Nuance. Für die Bewältigung der hieraus erwachsenen Strukturprobleme sind in der Teilregion besondere Einrichtungen geschaffen worden.

Die Plazierung der Region in Europa war einer der besonderen Beweggründe zur Gründung der regionalen Kooparation. Die Region ist personell und inhaltlich in Brüssel präsent und sie beteiligt sich an europäischen Förderprogrammen, die wiederum für die Infrastruktur der Region positive Folgen haben.

Ein weiteres, wesentliches Aufgabengebiet ist das der Öffentlichkeitarbeit. Dabei sind drei Zielrichtungen gleichzeitig zu beachten:
- die Schaffung von regionaler Identität (Öffentlichkeitsarbeit nach innen),
- die Information über die Qualitäten des Wirtschafts- und Lebensstandorts REGIO RHEINLAND auf nationaler Ebene und
- nicht zuletzt die Präsentation der Region bei europäischen Partnern.

Die Mittel für die Öffentlichkeitsarbeit sind einmal die klassischen Werbe- und Informationsmedien, zum anderen aber auch Fachausstellungen, personelle Präsentation und öffentliche Fachveranstaltungen (Abb. 1).

Abbildung 1:
Logo der Regio Rheinland

"Stärken stärken" – eine Methode der regionalen Arbeit

Das Regionalsekretariat läßt sich bei seiner Arbeit von der Grundidee leiten, die Stärken der Region zu stärken. Dies bedeutet, Instrumente zu erkennen und zu entwickeln, wie die vorzufindenen Potentiale gestärkt werden können. Positive Wirkungen des Instruments "Stärken stärken" gleichen aber auch Defiziete aus oder mildern Schwächen ab.

Die Stärken der REGIO RHEINLAND lassen sich stichwortartig beschreiben:
- Aufbauend auf einen weitgehend intakten Branchenmix der industriellen Basis hat die Region ihre Stärken im Dienstleistungsbereich, und hier besonders in der Medien- und Telekommunikationswirtschaft.

- Die Region ist ein bedeutender Handelsplatz, seit dem Mittelalter als Handelsknotenpunkt bekannt, und ein Messestandort von internationalem Rang.
- Die Verkehrsinfrastruktur hat europäische Bedeutung.
- Die Region ist ein Verkehrsknotenpunkt für Straßen-, Wasser-, Luft, und Schienenverkehr.
- Nicht nur europäische Verkehrsnetze, sondern auch Energie- und Kommunikationsnetze laufen hier zusammen.
- Die Bedeutung der Region als Hochschulstandort wird gesteigert durch zahlreiche kleine und große Forschungsinstitutionen, die sich neuen Techniken und/oder neuen Produktionsverfahren verschrieben haben.
- Die Region hat einen hohen Freizeitwert, sie bietet neben der Flußlandschaft am Rhein vor allem im rechtsrheinischen Bereich die Wald- und Mittelgebirgslandschaft des Bergischen Landes.
- Zu den Freizeitvorzügen gehört auch die Bedeutung der Region als einer der Standorte für den Deutschen Hochleistungssport.
- Von besonderer Qualität ist das Kulturangebot in der Region, das keinen internationalen Vergleich zu scheuen braucht.
- Zuletzt genannt, aber bestimmt nicht unwichtig: Das Rheinland hat ein positives Image, das weit über die nationalen Grenzen hinaus strahlt.

Unsere Arbeit besteht zu großen Teilen darin, über die Region und ihre Potentiale zu informieren. Um den Begriff Regionalmaketing einmal aufzugreifen: Wir wollen uns im Markt bewegen – manchmal müssen wir ihn erst schaffen – und das Produkt REGIO RHEINLAND im Markt plazieren.

Dazu eine Schlußbemerkung: Alle Bemühungen, vor allem in der Öffentlichkeitsarbeit, eine Region zu beschreiben und über sie zu informieren, muß sich von der Grundüberlegung leiten lassen, daß die Aussage über die Region wahr und seriös sein muß. das Außenbild muß dem erkenn- und erlebbaren Innenbild entsprechen. Die Aussage über die Region muß ehrlich und konkret nachvollziehbar sein. Nichts ist schädlicher für die Öffentlichkeitsarbeit einer Region, als bei Übertreibungen oder Schwindeleien ertappt zu werden.

Regionalmarketing in der Region Crimmitschau, Glauchau, Meerane, Werdau, Zwickau

Von Renate Unger

Ziele

Regionalmarketing − Der Gedanke scheint einfach: Die fünf Städte − Crimmitschau, Glauchau, Meerane, Werdau und Zwickau − liegen dicht beieinander, gemeinsam könnte die Entwicklung der Region beschleunigt werden. Diese Betrachtungsweise ist jedoch nur oberflächlich. Es verbirgt sich hinter dieser Idee ein äußerst hoher Anspruch, der kompliziert sein wird in der Umsetzung.

- Geht es doch um die Attraktivität der Städte;
- um die Lebensqualität der hier lebenden Menschen;
- um die Standortbedingungen für die Wirtschaft;
- letztlich um die humane Perspektive,

für die uns niemand die Verantwortung abnimmt und wo wir selbst initiativ und kreativ sein müssen.

Die Kausalität zwischen den Kommunen und den Gebietskörperschaften einerseits und der Wirtschaft andererseits ist hinreichend bekannt. Es gibt nachahmenswerte Lösungen, es gibt aber auch genügend Beispiele in Deutschland, wo es nicht gelungen ist, Zielsetzung und Interessenausgleich herzustellen. Unsere Aufgabe, als Industrie- und Handelskammer in den neuen Bundesländern sehen wir darin, das Regionalmarketingprojekt vor dem Hintergrund der deutschen Wiedervereinigung zu begleiten und zu unterstützen.

Die Aufgabe hieß: Zwei Gebietsteile von unterschiedlichem Wirtschaftsniveau waren in zeitlich schneller Reihenfolge in eine erforderliche Synchronität der Weiterentwicklung zu bringen.

Nach fünf Jahren wissen wir, es ist weit schwieriger als erwartet und es wird auch noch längere Zeit dauern als wünschenswert. Ein in der Wirtschaftsgeschichte bisher einmaliger Umstrukturierungsprozeß vollzog sich in Ostdeutschland, ebenso wie in fast sämtlichen ehemaligen RGW-Staaten. Dieser Prozeß hatte erhebliche soziologische Auswirkungen − bis hin zur Tangierung der menschlichen Psyche. Eine Weisheit, die uns Ludwig Erhard hinterließ, lautet, daß Erfolge in der Wirtschaft zur Hälfte von psychologischen Faktoren abhängig sind.

Zur Motivation der Bürger für die Stärkung ihres Selbstwertgefühls und auch zum Erkennen von Zukunftsperspektiven bedarf es erfahrbarer und überzeugender Beispiele von Projekten, die begeistern. Ein Beispiel dafür ist das Projekt "Regionalmarketing der Städte Crimmitschau, Glauchau, Meerane, Werdau und Zwickau".

Wirtschaft, Politik und Verwaltung werden in einem dreijährig laufenden Pilotprojekt Handlungskonzepte entwickeln, die ein koordiniertes Vorgehen in bestimmten Bereichen, wie Wirtschaftförderung, Infrastruktur, Handel, Verkehr, Imagebildung etc. ermöglichen.

Förderung und Finanzierung

Im Juli 1994 war die Entscheidung gefallen, das Projekt als Pilotvorhaben in Sachsen zu fördern, bei entsprechender Eigenbeteiligung der fünf Städte an der Finanzierung. Die Oberbürgermeister und Bürgermeister der fünf Städte bekannten sich spontan zur Zusammenarbeit und finanziellen Eigenbeteiligung.

Die IHK Südwestsachsen, Regionalkammer Zwickau, hat in Übereinstimmung

- mit den fünf Städten,
- dem Sächsischen Staatsministerium für Wirtschaft und Arbeit,
- dem Deutschen Seminar für Städtebau und Wirtschaft (DSSW) im Deutschen Verband für Wohnungswesen, Städtebau und Raumordnung mit Sitz in Bonn und
- dem Handelsverband Sachsen

die Projektträgerschaft übernommen. Die IHK engagiert sich aktiv in diesem Regionalmarketingprojekt, weil die Erfahrung zeigt, daß in Stadtparlamenten nur selten Wirtschaftsvertreter zu finden sind. Im Rahmen des Regionalmarketings ist es für uns als IHK wichtig, ein Forum zu eröffnen, das der Wirtschaft mehr Mitsprache und Mitgestaltung ermöglicht.

Die Finanzierung dieses Projekts wird zu 75 % von Land und Bund gemeinsam und zu 25 % von den beteiligten Projektstädten getragen. Die Wahl des externen Beraterteams erfolgte aufgrund einer Ausschreibung und einer entsprechenden Konzeptverteidigung.

Voraussetzungen für das Gelingen dieses Vorhabens sind

- die interkommunale Kooperation - hier wird teilweise eine recht positive Einstellung der Kommunen erkennbar;
- die Hinwendung zum kooperativen und vernetzten Denken und
- der aktuelle Ansatz des raumbezogenen Marketings.

Die Region

- Die Industrieregion Zwickau gehört zum dichtbesiedelten Teil Deutschlands. Der Durchschnitt von 413 EW/qkm liegt um 60 % höher als der Durchschnitt des Freistaates Sachsen und 184 % höher als der Durchschnitt Ostdeutschlands.
- Die Industrieregion Zwickau ist Teil der Europäischen Cityregion "Sachsendreieck", deren Eckpunkte durch die Städte – Dresden – Chemnitz/Zwickau – Leipzig bestimmt sind.

- Zwickau wird in der sächsischen Raumplanungshierarchie als Oberzentrum bezeichnet, ebenso wie Chemnitz, Dresden und Leipzig.
- Zwickau ist die viertgrößte Stadt in Sachsen und hat noch ca. 110.000 EW - zum Vergleich, 1988 waren es 122.000 EW.

Die Städte Crimmitschau, Glauchau, Meerane und Werdau sind als Mittelzentren ausgewiesen, wobei Crimmitschau und Glauchau zwischenzeitlich den Status einer "großen Kreisstadt" erhalten haben.

Die Region Zwickau ist Teil der sächsischen Planungsregion Südwestsachsen, zu der auch die Regionen Aue - Schwarzenberg und Plauen gehören.

Abbildung 1: *Übersichtskarte der Region*

Die Stadt Zwickau ist vor allem mit dem Gebiet der bisherigen Landkreise Zwickau und Werdau (mit den Städten Crimmitschau und Werdau) und mit südlichen und westlichen Teilen des ehemaligen Landkreises Glauchau (mit den Städten Glauchau und Meerane) eng verflochten. Mit der Kreisreform gehören Werdau und Crimmitschau nunmehr dem Zwickauer Landkreis, Glauchau und Meerane dem Chemnitzer Landkreis an. Die Zusammenarbeit erfolgt hier also kreisübergreifend.

In einem langen historischen Prozeß hat dieser Teil des sächsischen Industriegebietes eine besondere Identität gewonnen. Die Entwicklung wurde vor allem durch Betriebe des Maschinen- und Fahrzeugbaus, der Textilindustrie und Elektroindustrie bestimmt. Durch den für eine altindustrialisierte und monostrukturierte Region typischen Abbau nicht wettbewerbsfähiger Produktionen waren hohe Verluste an Arbeitsplätzen die Folge. Die Arbeitslosenquote lag im Februar 1995 zwischen 15,2 und 18,3 %.

Die westsächsische Region um Zwickau verfügt heute über ein weitverzweigtes und dichtes Straßen- und Schienennetz. Die Bundesautobahnen A 4 und A 72 sowie ein ausgebautes System von Fernstraßen stellen Ost-West- und Nord-Süd-Verbindungen her. Damit ist der Zugang zu den bayrischen, mitteldeutschen und tschechischen Zentren gegeben. Mit der Neutrassierung der B 93 als vierspurigen Zubringer zum VW-Werk und zur A 4, welche weiterführend nach Leipzig eine wichtige Verkehrsader darstellt, erfolgt eine wesentliche Verbesserung der verkehrstechnischen Infrastruktur.

Die Eisenbahnlinie Görlitz - Dresden - Chemnitz - Zwickau - Plauen - Hof - Nürnberg, als Sachsenmagistrale bekannt, wird den neuen Anforderungen entsprechend ausgebaut und schafft damit eine weitere schnelle Anbindungsmöglichkeit an die Wirtschaftszentren in Westdeutschland.

Wer jedoch per Flugzeug die Region erreichen möchte, dem stehen die Flughäfen

- Leipzig (ca. 70 km entfernt),
- Dresden (ca. 130 km entfernt),
- der Regionalflugplatz Altenburg - Nobitz (ca. 30 km entfernt) und
- neuerdings Zwickau selbst zur Verfügung.

Der Zwickauer Flugplatz wird erhalten, das sächsische Luftverkehrsamt hat ihn für kleinere Flugzeuge bis 5.700 Kilogramm Gesamtgewicht bestätigt.

Die für das Regionalmarketing relevanten Handlungsfelder sind vor allem aus den konkreten Bedingungen und den vielfältigen Anforderungen der Städte und der Region abzuleiten.

Organisation

Vorläufig ist die Bildung von fünf Arbeitskreisen vorgesehen:
- Wirtschaftsförderung,
- Verkehr,
- Revitalisierung der Innenstadt,
- Freizeit, Tourismus, Kultur,
- Imagebildung/Öffentlichkeitsarbeit.

Die Zusammensetzung der Arbeitskreise erfolgt aus Vertretern der Parteien, aus der Wirtschaft, der Stadtverwaltung, aus Vereinen, Verbänden und externen Beratern.

Die Aufgaben der einzelnen Arbeitskreise stellen sich wie folgt dar:

Die Arbeitskreise der Städte
- liefern die lokalspezifischen Aspekte zu den Themen der überörtlichen Fachgruppen;
- fördern die Umsetzung der lokal ausgerichteten Maßnahmen;
- entsenden 2 bis 3 Experten in die überörtlichen Fachgruppen.

Gleichzeitig erfolgt die Bildung von fünf überörtlichen Fachgruppen nach den gleichen Sektoren.

Sie setzen sich wie folgt zusammen aus:
- Experten der fünf Städte,
- zusätzlichen regionalen Experten, wie Fremdenverkehrsverband, IHK, Hochschulen, Regionalplanungsverband und dem externen Berater.

Zu ihren Aufgaben gehören:
- die Bearbeitung von überregionalen Konzepten;
- die Förderung der überregionalen Betrachtungsweise in den Kommunen;
- die Übernahme einzelner Arbeiten zur Konzeptentwicklung und -umsetzung (z.B. Erstellung von fachspezifischen Informationen).

Die Projektsteuerung erfolgt durch den regionalen Koordinierungsausschuß. Hier werden nicht nur die Zuständigkeiten und Verantwortlichkeiten festgelegt, sondern es wird auch darauf geachtet, daß der festgelegte Zeitplan eingehalten und die vereinbarten Inhalte verwirklicht werden.

Der regionale Koordinierungsausschuß setzt sich zusammen aus:
- den fünf Bürgermeistern oder deren Stellvertretern,
- Vertretern des Deutschen Seminars für Städtebau und Wirtschaft (DSSW),
- Vertretern des Staatsministeriums für Wirtschaft und Arbeit (teilweise),
- Vertretern des Handelsverbandes Sachsen,
- Vertretern der IHK,
- dem Regierungspräsidium,
- dem Fremdenverkehrsverband,
- der Kreishandwerkerschaft und
- bedarfsweise den regionalen Planungsverbänden.

Die externen Berater
- liefern das Know-how in den Arbeitskreisen bzw. Fachgruppen,
- sind verantwortlich für die Moderation und
- nehmen die Ausarbeitung und Formulierung der Konzepte auf der Basis der Fachgruppenergebnisse vor.

Zur Vorgehensweise

Die Vorgehensweise kann in Form von mehreren Bausteinen verdeutlicht werden.

Baustein 1: Analyse- und Sensibilisierungsphase

In dieser Phase befindet sich das Regionalmarketingprojekt gegenwärtig.

Mit dem Projekt wurde im November 1994 begonnen. Vorhandene Gutachten, die den Städten vorlagen, wurden den Beratern zur Auswertung übergeben. Darauf soll eine Stärken-Schwächen-Analyse erarbeitet werden. Diese ist derzeit in Bearbeitung.

Im Januar 1995 wurden mit mehr als 120 Persönlichkeiten aus Politik, Verwaltung, Wirtschaft und Wissenschaft persönliche Gespräche geführt, um bei allen Entscheidungsträgern die erforderliche Akzeptanz für ein Regionalmarketing zu schaffen.

In allen fünf Städten wurden Auftaktveranstaltungen durchgeführt. Eine offizielle überregionale Auftaktveranstaltung mit ca. 120 Teilnehmern fand Anfang März 1995 statt. An dieser waren die Projektbeteiligten, das Deutsche Seminar für Städtebau und Wirtschaft (DSSW), das Sächsische Staatsministerium für Wirtschaft und Arbeit, der Handelsverband Sachsen, die Oberbürgermeister und Bürgermeister der fünf Städte sowie die IHK als Organisator vertreten.

In Vorbereitung sind derzeit die schriftliche Unternehmensbefragung von 500 Unternehmen und die Bürgerbefragung von 500 Bürgern. Alle Informationen und Analyseergebnisse werden schließlich in einer Bilanz der Chancen und Risiken zusammengeführt und bilden die Arbeitsgrundlage für die weiteren Schritte.

Baustein 2: Leitbildentwicklung

Im Mai 1995 beginnt die Erarbeitung eines Regionalleitbildes. In diesem werden Ziele für alle Bereiche der zukünftigen Entwicklung festgelegt. Das Leitbild soll sicherstellen, daß alle zukünftigen Maßnahmen in den einzelnen Kommunen auch mit dem Gesamtziel harmonieren.

Baustein 3: Umsetzungsphase

Dies wird der wichtigste Teil der Arbeit sein, da hier die Entwicklung und Umsetzung von Maßnahmen erfolgen wird.

Um die Koordination vor Ort über den gesamten Projektverlauf sicherzustellen, ist bereits ein regionaler Koordinierungsausschuß gebildet worden. Dieser Ausschuß arbeitet bereits seit Anfang 1994. Hier laufen die Fäden zusammen und jeder Schritt wird von hier aus koordiniert und diskutiert. Die Einrichtung eines eigenen Regionalmarketing-Büros als zentrale Anlaufstelle wird zur Zeit vorbereitet.

Die glücklicherweise noch vorhandene hohe Industrie- und Gewerbedichte gebieten Aktivitäten auf dem Feld der Forschung, Technologie und Innovation. Wir haben deshalb bereits 1993 durch die Hochschule für Technik und Wirtschaft und die IHK-Regionalkammer Zwickau eine Arbeitsgruppe initiiert unter dem Namen "Westsachsen 2000".

Als Ergebnisse der Arbeitsgruppe sind im ersten Quartal 1996 zu erwarten:
- die Strategie der Entwicklung der Region bezüglich Wirtschaft, Infrastruktur, Tourismus und weicher Standortfaktoren;

- die wirkungsvolle Vernetzung wissenschaftlich-technischer und wissenschaftlich-wirtschaftlicher Erkenntnisse mit dem Ziel der Beschreibung konkurrenzfähiger Produkte und Dienstleistungen;
- die Analyse der Erwartungen der westsächsischen Bevölkerung, insbesondere der Jugend, an eine innovationsorientierte Regionalpolitik;
- die Auswertung von Chancen und Notwendigkeiten beruflicher und akademischer Ausbildung.

Die Ergebnistangierung beider Vorhaben ist sorgfältig zu beurteilen und richtige Strategien davon abzuleiten.

Die Herausarbeitung einer einheitlichen Strategie zur Revitalisierung der Innenstädte (mit Ausstrahlung auf die Kleinstädte und Gemeinden der Region) muß unser Ziel sein, wobei die Herausbildung eines Regionalbewußtseins die Basis dafür ist.

Tourismusmarketing im Harz

Von Klaus-Hermann Mohr

Der Harzer Verkehrsverband

Eine Besonderheit des Harzes ist es, daß er sich über das Gebiet dreier Bundesländer erstreckt, nämlich Sachsen-Anhalt, Thüringen und Niedersachsen. Das allein bedeutet schon für einen Verband eine sehr interessante Aufgabe, aber auch eine schwierige.

Den Harzer Verkehrsverband gibt es auf der jetzigen Fläche des Harzes bereits seit 91 Jahren. Zu seiner Gründung kam es, weil es dem damaligen herzoglichen Badekommissar in Bad Harzburg aufgefallen ist, daß man sich in anderen Regionen wie in den Alpen, der Schweiz oder auch an den Nord- und Ostseebädern zusammengeschlossen hat, um allgemeine Werbung für diese Regionen durchzuführen. Wir sagen heute dazu eher Marketing.

Unser Verband hat mittlerweile 246 Mitglieder. Davon haben allerdings knapp 100 über 40 Jahre lang ihre Mitgliedsbeiträge nicht bezahlt. Wir freuen uns aber um so mehr, daß wir inzwischen wieder ein so starker Regionalverband geworden sind, wie wir das vor dem Krieg schon mal gewesen sind. Unsere Geschäftsstelle war immer sehr wechselhaft untergebracht, meistens dort, wo der Geschäftsführer oder der jeweilige Präsident gewohnt haben. Sie war schon in Wernigerode, in Bad Lauterberg und ist jetzt in der Stadt Goslar. Unsere Geschäftsstelle hat 12 Mitarbeiter. Wir haben außerdem noch eine Außenstelle in der schönen Stadt Steuberg im Südharz.

Gründe für eine Harz-Reise

Warum soll man gerade in den Harz fahren? Wir haben uns ganz einfach diese Frage gestellt, die sich auch unsere potentiellen Gäste stellen. Wir haben uns diese Frage auch gestellt, um zu überlegen, wie wir besser an den Gast herankommen. Wir fassen diese Frage als eine Aufforderung für eine argumentative Werbung auf.

In einer schon länger zurückliegenden Marketingsitzung unseres Verbandes haben wir überlegt, was die Schwächen und Stärken unseres Verbandes bzw. der Fremdenverkehrsregion Harz sind. Als Schwächen haben wir festgestellt, daß die touristische Infrastruktur nicht ganz stimmt. Der öffentliche Personennahverkehr kann verbessert werden, die Verkehrsanbindung Schiene ist heute immer noch ein Problem, aber nicht mehr lange. Weitere Themen sind das Preis-Leistungs-Verhältnis, Fragen der Umwelt, das Imageprofil, die Ortsbäder und der Umgang mit dem Gast.

Ein Problem ist die große Fluktuation, die wir im Gastgewerbe haben, und die Abhängigkeit vom Tagestourismus. Der Tagestourismus überwiegt leider immer noch. Ein weiteres Problem für unsere Region ist die unsichere Schneelage.

Das sind unsere Schwächen, aber wir haben viele Stärken, und mit ihnen wollen wir eben auch wuchern. Die Schwächen abbauen, und die Stärken nutzen. Den Harz empfinden wir als Kernregion Deutschlands und seiner Geschichte. Seine zentrale Lage, das gesunde Klima, der Bekanntheitsgrad des Harzes, seine Vielfältigkeit, seine historisch gewachsenen Strukturen, seine einzigartige Museenlandschaft (genannt seien insbesondere unsere 18 Museumsbergwerke) sind weitere Stärken. Wir verfügen außerdem über einzelne Ortsbilder von hoher Attraktivität.

Marketing für die Region Harz

Wir mußten feststellen, daß wir einen Tourismus mit kommunaler Prägung haben und daß wir in zwei Richtungen werben müssen. Einmal geht es um den Aufbau eines positiven Images unseres Verbandes und zum anderen um die Werbung für das "Produkt Harz". Werbung ist nie Selbstzweck, sondern immer Bestandteil eines umfassenden Marketingkonzeptes, also haben wir die Werbung in ein ganzheitliches Konzept eingebunden.

Im Dezember 1992 haben wir uns gemeinsam mit 53 Kurdirektoren, Leitern von Fremdenverkehrsämtern und Hoteliers in einer Klausurtagung zusammengesetzt und den Inhalt einer Marketingkonzeption zusammengetragen. Ich kann jetzt schon sagen, daß wir diese Marketingkonzeption, mit der wir bereits arbeiten, selber erarbeitet haben, also ohne die Hilfe eines externen Beraters. 1992 haben wir anfangs natürlich auch zahlreiche Marktuntersuchungen im Verbandsgebiet durchgeführt. Die wohl wichtigste Untersuchung war das touristische Gutachten für den Ostharz, das durch das Deutsche Wirtschaftswissenschaftliche Institut für Fremdenverkehr im Juli 1992 vorgestellt wurde.

Wir haben unseren Mitgliedern gesagt, wo es brennt, worüber wir uns unbedingt verständigen müssen. Wir sind zu folgenden touristischen Marketingzielen für den Harz gekommen:

- Es geht um die Erhöhung der Übernachtungszahlen,
- um die bessere Auslastung zu bestimmten Zeiten, und
- wir wollen eine Region sein, die das ganze Jahr über etwas bietet, nicht nur zu bestimmten saisonalen Zeiten.

Mit der Steigerung der Aufenthaltsdauer, der Gewinnung von Gästen bestimmter Altersklassen, der Korrektur des bestehenden Images, der Umsatz- und Gewinnmaximierung geht es weiter. Diese Diskussionsgrundlage haben wir dann zu den eigentlichen und verbrieften Marketingzielen zusammengefaßt, die in einem Buch niedergelegt wurden.

Es geht zum einen um das Erhalten der traditionellen Zielgruppen und Zielgebiete in unserer Region. Diese Zielgruppe sind die Familien und älteren Ehepaare, außerdem der kostenorientierte Urlauber. Unsere Zielgebiete sind im Inland vor allem Niedersachsen, Nordrhein-Westfalen, die Stadtstaaten, also Hamburg, Bremen, Schleswig-Holstein, Berlin, Sachsen-Anhalt und Sachsen und im Ausland die Niederlande und Dänemark. Dabei ist bei den Niederländern eine interessante Strömung festzustellen. Die meisten Niederländer, die zu uns kommen, kommen aus den Nordniederlanden, aus dem Gebiet um Groningen. Wenn Sie aus dem südlichen Gebiet von Maastricht oder aus Utrecht kommen, und es liegen noch wirklich ernst zu nehmende Konkurrenten, wie das Sauerland, dazwischen, fahren viele Gäste nicht weiter durch zum Harz.

Ein weiteres Ziel ist natürlich die Steigerung des Gästeaufkommens des Auslandes des Inlandes selber. Wir hatten uns das Ziel gestellt, Auslandsaufkommen um 15 % zu erhöhen. Das ist uns auch gelungen. Wir sind erfolgreich in Schweden, Norwegen, Großbritannien, jetzt auch in den USA und Japan. Das ist auch für uns erstaunlich. In Norwegen sind wir auf vier Messen vertreten gewesen und haben gegenüber vor vier Jahren eine Steigerung von 21 % erfahren. Damit sind wir zur Zeit an neunter Stelle der touristischen Zielgebiete. Aus Großbritannien kommt ein sehr großer Teil der ehemaligen alliierten Soldaten als Zivilisten mit ihren Familien an die Orte zurück, wo sie gedient haben. Geringer ist das Aufkommen aus den USA, aber die Workshops, an denen wir uns seit einigen Jahren beteiligt haben, sind erfolgreich verlaufen.

Das haben wir allerdings nicht allein für den Harz als Region gemacht, sondern wir haben das für den Tourismusverband Sachsen-Anhalt in erster Linie und erst in zweiter Linie für den Harz gemacht. Dies bot sich an, weil wir hier mit Themen gearbeitet haben, wie Martin Luther, Romanik und Musik. Das Musikerland Sachsen-Anhalt hat da eine wesentliche Rolle gespielt. In Japan wird der Harz in Verbindung mit Goethe und den drei Städten Goslar, Wernigerode und Quedlinburg sowie natürlich dem Brocken verkauft.

Es ist natürlich wichtig, daß attraktive Angebote gemacht werden. Noch wichtiger ist es vielleicht, daß wir diese Angebote auch als Bausteine anbieten. Wir haben auch südlich der Mainlinie geworben. Vielfach hieß es, dort im sonnigen Süden gibt es soviele Mittelgebirge, da kommen bald die Alpen, da brauchen wir uns gar nicht hinzubewegen, um dort aktiv Werbung zu betreiben. Das war, wie sich zeigte, falsch. Wir haben es doch getan und haben die größten Erfolge im Raum Stuttgart erzielen können. Natürlich kommen die Leute auch hier nicht in erster Linie, um zu wandern und sich an der schönen Natur zu erfreuen. Das machen sie auch, aber es sind eben auch andere Themen wichtig, die wir anbieten.

Steigerung der Übernachtungszahlen ist ein weiterer wichtiger Punkt. Aber wir wollen außerdem auch mehr Kurzurlauber, da wir wissen, daß der Harz das richtige Land oder die Region für den Zweit- oder Dritturlaub ist. Im Moment können wir uns schwer vorstellen, daß wir 14-Tage-Urlaub anbieten. Anbieten könnten wir das zwar schon, aber dafür sind wir eigentlich nicht die geeignete Region. Natürlich wollen wir den Tagesurlauber bewegen, hier zu übernachten, besonders an den Wochenenden. Oft gelingt das schon, wenn in den Orten draußen ein Schild hängt "Zimmer frei" oder den Gästen in den Gaststätten gesagt wird, sie können über Nacht bleiben. Dies gelingt häufig und gerade, wenn Schnee liegt. Wenn es dunkel wird, wird einfach dageblieben; diese Erfahrung haben wir in diesem Jahr oftmals gemacht.

Kurz zu den Übernachtungszahlen: Wir sind das Mittelgebirge mit den höchsten Übernachtungszahlen. Wir haben pro Übernachtungsgast insgesamt etwas unter fünf Übernachtungen, im Westharz sind es 6,9 und im Ostharz 3,8. Die Differenz kommt daher, weil das Kurwesen im Westharz viel weiter ausgeprägt ist als noch im Ostharz, aber das wird sich bald auch ändern.

Wir arbeiten derzeit an einer Imagekorrektur nach innen und nach außen. Da wir einen sehr kurzen Namen haben, werben wir mit vier Buchstaben – nämlich HARZ –, das ist für uns die kürzeste und beste Werbung.

Wir haben in eine Neupositionierung des Harzes die Aspekte Erholung, Natur und Erlebnis eingebaut. Weitere sind die Kulturlandschaft mit der Romanik, die mittelalterlichen Städte, der Bergbau, die Schmalspurbahn und nicht zu vergessen Quedlinburg, jetzt in aller Munde als Weltkulturerbe, und natürlich der Ramesberg, eines der ältesten Bergwerke in Deutschland. Neupositionionierung stehen auch für die Begriffe Umwelt, Nationalpark, sanfter Tourismus, Wandern. Neupositionierung steht aber auch für die Kur. Kur wird immer noch übersetzt als etwas für alte, kranke Menschen; wir wollen das jetzt übertragen in Fitness, Beautiness und Lifestyle. Hier haben wir noch die meisten Schwierigkeiten und Konflikte, denn Tourismus mit jungen Menschen ist häufig mit Lärm verbunden, das stört wiederum die älteren Kurgäste, hier müssen wir noch Zielkonflikte aufarbeiten.

Im Marketing kann der Harz nur dann erfolgreich sein und als ganzes dargestellt werden, wenn alle Mitglieder des HARZ-Verkehrsverbandes diesen auch als ihren Dachverband anerkennen.

Zusammenwachsen von Ost und West ist hier ein sehr wichtiger Punkt. Die Neugier ist vorbei, es sind ernsthafte Mitbewerber im Markt, und jede Woche wird irgendwo im Ostharz ein neues Hotel eröffnet. Dieses neue Hotel ist von der Qualität einfach besser als sehr viele Hotels auf der Westharzseite.

Aus unseren Marketingzielen leitet sich die Strategie zu konkreten Maßnahmen ab. Hier seien die fünf Säulen unseres Marketingkonzeptes genannt:

- Infrastruktur und kurze Wege,
- Natur und Nationalpark,
- Schmalspurbahn,
- Brocken,
- Harzer Romanik.

Es wäre schlecht für uns, über Wege in die Romanik und die Straße der Romanik zu sprechen, wir nennen es daher "Harzer Romanik".

Unsere Werbeprodukte sind die Prospektfamilie mit Harz-Urlaub, harzgastlich, und die neue Panoramakarte. Auftraggeber für die Prospektfamilie und die Karte ist der gesamte Verband. Drei Länder sind an der Karte beteiligt: Sachsen-Anhalt hat die Karte mitfinanziert, produziert wurde sie in Niedersachsen, und in Thüringen wurde die Karte gemalt und hergestellt. Ein weiteres Produkt unserer Marketingbemühungen ist ein neuer Imageprospekt.

Aktion Mitteldeutschland

Von Achim Schaaschmidt

Einleitung

Die IHK Halle Dessau hat das Projekt Regionalmarketing "Aktion Mitteldeutschland" ins Leben gerufen. Das jüngste Produkt der Aktion Mitteldeutschland im Rahmen ihres Regionalmarketings ist ein Videofilm, der die Region und ihre Vielfalt vorstellt.

Filmtext

Halle, Leipzig, Dessau, Saale, Anhalt, Elster, Ostharz, Unstrut und Mulde, kurz, das traditionsreiche mitteldeutsche Industriegebiet meldet sich zurück. Mitteldeutsche Maschinen, Chemie, Braunkohle und Salz begründeten einst die höchsten Einkommen in Deutschland.

Die sozialistische Mißwirtschaft hinterließ heruntergekommene Industrieanlagen, Straßen und Gebäude.

Schwere Narben trug die Umwelt davon. Für freiheitliche Gesellschaften unverzichtbare Kulturtechniken waren vergessen.

Der Weg zurück in die Gemeinschaft vieler Staaten bedeutete für viele Menschen zunächst Arbeitslosigkeit. Ein neuer Anfang ist dennoch rasch gelungen. Hinter bröckelnden Fassaden haben viele Investoren die vorzüglichen Entwicklungschancen Mitteldeutschlands wiederentdeckt. Leipzig ist wieder ein Finanzplatz hoher Qualität. Auch die Leipziger Messe entwickelt sich neu.

Moderne Industrieanlagen, Kraftwerke, Druckereien, Zementwerke auch Handels-, Dienstleistungs- und Logistikzentren werden hier zur Zeit errichtet.

Vor allem die Menschen in Mitteldeutschland haben ihre unternehmerischen Talente mutig wiederentdeckt. Weit über 100 000 neue Unternehmen wurden in nur vier Jahren gegründet – erst für regionale Märkte, jetzt klopfen sie selbstbewußt an die Tore internationaler Märkte. Auf Einsatzfreude und technischen

Fertigkeiten ihrer Mitarbeiter können sich die Neuunternehmer voll verlassen, mit Fleiß und Ensatzbereitschaft wird Rechts- und Marktwissen neu erworben.

Um Halle, Merseburg und Bitterfeld wachsen mittlere und große Chemiekonzerne heran. Moderne Kraftwerke versprechen saubere Energie. Neue Zuckerfabriken setzen auf die Ertragskraft der besten Böden Deutschlands.

Der Flughafen Leipzig-Halle wurde ein modernes Logistikzentrum.

Hochgeschwindigkeitsstrassen der Deutschen Bahn AG und neue Autobahnen nach Norden und Westen, modernste Telekommunikationsanlagen versprechen Logistikprobleme schnell und preiswert zu lösen.

Die Leistungskraft Mitteldeutschlands kam und kommt nicht zuletzt aus der Forschung und Lehre. 1652 gründete die Elite der Naturwissenschaftler in Halle die Deutsche Akademie der Naturforscher Leopoldina. Heute sind es die Universitäten Halle und Leipzig, die Fachhochschulen Merseburg, Bernburg-Dessau-Köten und Leipzig, die Kunst und Designhochschule Burg Giebichenstein die für qualifizierten akademischen Nachwuchs sorgen.

Die Stiftung Bauhaus Dessau liefert als intenationales Forschungs- und Gestaltungsinstitut künstlerische und wissenschaftliche Impulse für die Region.

Welche Leistungen möglich sind, wenn Forscherphantasie und Unternehmertalent sich in einer Person vereinen, zeigt die vielseitige Karriere von Hugo Junkers in Dessau. Er erfand und baute nicht nur Gasbadeöfen, sondern auch besonders robuste Passagierflugzeuge. Darunter die legendäre dreimotorige JU 52. Einige Exemplare sind bis heute in der Luft – unverwüstlich, eben "made in Mitteldeutschland".

Doch nicht nur Wissenschaft und Industrie prägen die Region Mitteldeutschland, auch Kunst und Kultur haben hier eine Heimstadt. Prominente Mitteldeutsche sind Ihnen sicher schon auf die eine oder andere Art begegnet.

Bach beispielsweise, der in Köten seine Brandenburgischen Konzerte komponierte und bis zu seinem Tode als Kantor in Leipzig blieb.

Händel und Wagner wurden hier geboren, Händel in Halle und Wagner in Leipzig, wo auch Goethe Rechtswissenschaften studierte.

Im Dichterparadies Halle lebten Fontane, Teek und Jean Paul.

Von Wittenberg aus wagte Luther den öffentlichen Protest gegen die Mißstände in der katholischen Kirche. In Mitteldeutschland hat der Mut zum Widerstand und Widerspruch Tradition.

In Halle stand die Wiege der deutschen Aufklärung, die den Menschen mündig sprach. In jüngster Geschichte sei auch an die Montagsdemos in Leipzig und an anderen Orten erinnert, die die Wiedervereinigung Deutschland einleiteten

Revolutionär war auch das Bauhaus in Dessau, wo in den zwanziger Jahren Lehrer, wie Gropius, Schlemmer und Kandinsky, der Architektur und Kunst neue Wege wiesen. Ihre Ideen wirken bis heute nach.

Aktion Mitteldeutschland

Mitteldeutschland – das ist auch die Heimat von Mythen und Sagen. Allgemein bekannt sind die Merseburger Zaubersprüche und der Hexentanzplatz bei Thale im Harz.

Die Puppen von Käthe Kruse nahmen von Mitteldeutschland aus ihren Weg in alle Welt, ebenso wie das deutsche Kartenspiel, der Skat.

Mitteldeutschland – das ist aber auch eine reizvolle Landschaft mit einer alten Geschichte.

Die Dübener Heide mit ihrem Wald und Wildreichtum, der Harz als Synonym für Urlaub und Erholung.

Und die Burgen an der Saale, die selbst noch als Ruinen imposant aussehen.

Von der Kulturgeschichte zeugen auch Bauwerke von Rang, wie der weltberühmte Naumburger Dom mit den lebensgroßen Stifterfiguren.

Und die schmucken Fassaden in der Fachwerkstadt Querlenburg.

Wer den Flüssen folgt findet Ruhe und Entspannung. In den Weingärten an Saale und Umstrudt, dem nördlichsten Weinanbaugebiet Deutschlands, reift aber auch manch edles Tröpfchen. Hier scheint die Sonne durchschnittlich 1600 Stunden im Jahr. Nach warmen Herbstwochen werden Ruhländer und Müller-Thurgau geerntet.

Am Schloß Neuenburg wachsen Reben für den legendären Rotkäppchensekt, der in den kühlen Kellern tief im Inneren des Schweigenberges reift.

Das weltbekannte Rosarium in Sangerhausen präsentiert einzigartige Blütenpracht. Mit seinen 6500 Gartenrosenarten zählt es zu den bedeutendsten Rosengärten der Welt. Östlich von Dessau, an der Elbe und Mulde, machen sich herrliche Parkanlagen Konkurrenz, gekrönt von den Schlössern Musichkau, Georgium und Luisium. Eine Gondelfahrt durch diese herrliche Landschaft ist die Krönung manch einer Ausflugsfahrt.

Höhepunkt der Gartenbaukunst aus dem 18. Jahrhundert ist der Wörlitzer Park. Wiesenauen, von Alleen durchzogen, Inseln, Kanäle, Brückenbögen, das gotische Haus, das Schloß.

Die Symbiose von Landschaft, Kultur und Geschichte machen den Reiz und die Attraktivität der Region aus. Auch die Lebensfreude und das Brauchtum sind Anziehungspunkte für die Industrieansiedlungen.

Wirtschaft und Kultur gehören eben zusammen.

Mitteldeutschland – Aussichtsreich in jeder Beziehung und stark genug um mit anderen Regionen Europas in den Wettstreit zu treten.

Viele Unternehmen in Sachsen, Sachsen-Anhalt und Thüringen führen die Bezeichnung Mitteldeutschland in ihren Firmenbezeichnungen.

In dem im März 1991 gegründeten Verein "Aktion Mitteldeutschland e.V." haben sich bisher über 100 Entscheidungsträger aus Politik, Kultur und Verwaltung, alteingesessene Unternehmer und Neuinvestoren engagiert, um Mitteldeutschland in seiner geschichtlichen Bedeutung, kulturellen Vielfalt und landschaftlichen Attraktivität zu einem noch größeren Bekanntheitsgrad zu verhelfen. Auf dieses Ziel sind die weitgefächerten Kampagnen ausgerichtet. Alle Aktivitäten werden mit den einheimischen Unternehmen und Gebietskörperschaften abgestimmt.

Die besten Vorraussetzungen also für eine positive Resonanz auch innerhalb der Bevölkerung und ein Beitrag zur Identifikation der Menschen mit ihrer Heimat Mitteldeutschland.

Entwicklung des Regionalmarketings

Die Region Halle-Dessau führte bereits 1990 eine Stärken-Schwächen-Analyse durch, um zu analysieren, mit welchen Voraussetzungen die Region überhaupt ausgestattet war, womit gearbeitet werden konnte. Das war notwendig, um den Unternehmen in der Kammerregion Halle-Dessau eine Chance zu geben und Investoren überhaupt einzuladen und anzuziehen. Dies war ein notwendiger erster Schritt vor dem eigentlichen Beginn eines Regionalmarketings.

Auf der Basis des erarbeiteten Materials konnte ein Marketingkonzept entwickelt und in die Öffentlichkeit gegangen werden. Die folgenden Zielgruppen werden angesprochen:

- Öffentlichkeit in Mitteldeutschland,
- Entscheider in den alten Bundesländern und Berlin (Wirtschaft, Politik, Kultur),
- Öffentlichkeit in Deutschland,
- Entscheider international, insbesondere europäische Unternehmen.

Das Regionalmarketing "Aktion Mitteldeutschland" will folgende Ziele erreichen:

Übergreifende Ziele

- Bekanntheitsgrad national und international erhöhen,
- Identifikation der Menschen mit ihrer Region stärken,
- klares Profil schaffen, die Region unverwechselbar machen,
- positives Meinungsklima aufbauen.

Konkrete Ziele

- kurz-, mittel- und langfristige Entwicklungsperspektiven der Region im Standortwettbewerb darstellen,
- Interesse bei den Menschen, Unternehmen, Organisationen in Mitteldeutschland an gemeinsamer wirtschaftlicher und kultureller Entwicklung wecken,
- Attraktivität der Region in ihrer Vielfalt für Investoren und Besucher vermitteln; insbesondere die Beiträge der Teilregionen herausarbeiten.

Betrachtet man Mitteldeutschland, so handelt es sich um einen gewachsenen Wirtschaftsraum, vor allem im Bereich Halle-Leipzig, der einen hohen Verdichtungsgrad hat, und der eine hohe Anzahl von kulturellen und wirtschaftlichen Traditionen sein eigen nennt.

Darüber hinaus werden die Aktivitäten auf Sachsen und Ostthüringen ausgedehnt.
1990 wurde ein erster Projektvorschlag erarbeitet und 1991 unter dem Namen "Regionales Marketing" bearbeitet. Das neueste Produkt der Aktion stellt der bereits vorgestellte Film dar.

Organisation und Finanzierung der Trägerschaft

Die Aktion Mitteldeutschland ist ein gemeinnütziger Verein, dessen Mitglieder Gebietskörperschaften, Unternehmen, Verbände und Einzelpersonen sind. Die Geschäftsführung und ein Exekutivbeirat koordinieren die Marketing-Maßnahmen (Abb. 1).

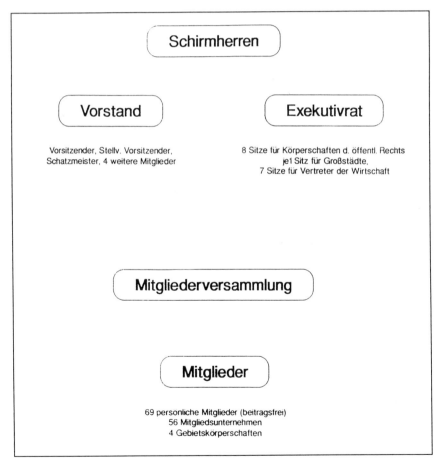

Abbildung 1: *Organisationsstruktur der Aktion Mitteldeutschland e.V.*

Die Finanzierung der Maßnahmen erfolgt aus Mitgliedsbeiträgen, Spenden und durch Sponsoring. Ein jährliches Budget von 2,0 bis 2,5 Millionen DM steht zur Verfügung.
Ein Gemeinkostenanteil, der ca. 60 % beträgt, wird durch die "Aktion Mitteldeutschland" aufgebracht und zur Deckung der Dachkampagne aufgewendet. Ein Einzelkostenanteil, der 40 % ausmacht, wird für jedes einzelne Projekt einzeln betrachtet und vom Auftraggeber finanziert. Die Einzelprojekte werden jeweils getrennt finanziert.
Zum Versuch, die Verschiedenartigkeiten der Region zu fassen, wurde ein Fenstermodell entwickelt. Ein Beispiel hierfür ist das große Plakat. Die Konzeption dieses Plakates sieht einen einheitlichen "regionalen Rahmen" vor, in dem die jeweiligen Akteure ihre Projekte vorstellen können (Fenstertechnik).

Projekte

Durch die "Aktion Mitteldeutschland" wurde verschiedenen Einzelprojekten in den Städten und Kreisen die Chance gegeben, regional und flächendeckend zu arbeiten.
Zu den wichtigsten Projekten zählten:
- Jahreskalender: "Mitteldeutsche Impressionen", Auflage 2.000 Exemplare mit 13 Bildern aus Mitteldeutschland;
- Video: Zielgruppen sind Mitgliedsunternehmen, Geschäftspartner, regionale und überregionale Unternehmen, verschiedene Entscheidungsträger, außerdem Vorführung auf Messen;
- Journalistenbereisung: zur Vorführung der Gegensätzlichkeiten der Region, Kultur, Wirtschaft, Ökologische Fortschritte.

Gerade die letzgenannte Maßnahme ist die effektivste Form des Marketings. Die Region wird seither kritisch und realistisch in den veröffentlichten Artikeln dargestellt.
Eine Schwierigkeit bleibt: Die Einbeziehung der Stadt Leipzig in das Regionalmarketing-Konzept ist noch nicht gelungen, Leipzig hält weiterhin an seinem eigenen Stadtmarketingj-Projekt "Leipzig kommt" fest.

Das Beispiel Oberfranken Offensiv e.V.

Von Wolfgang Weber

Einführung und Problemstellung

Die seit Ende der 80er Jahre grundlegend veränderten Rahmenbedingungen in Form der Wiedervereinigung, der Öffnung der Grenzen zu Osteuropa und die Verwirklichung des Europäischen Binnenmarktes haben für die regionale und sektorale Entwicklung Bayerns und seiner Teilregionen weitreichende Wirkungen. Dies gilt besonders für die Räume mit früherer Lage an nahezu geschlossenen Grenzen wie Oberfranken. "Zonenrandgebiet" und "Totwinkellage" waren gängige Begriffe zur Charakterisierung der regionalen Situation, eine Einschätzung, die das Selbst- und Fremdimage des Raumes, seiner Bevölkerung und Wirtschaft maßgeblich geprägt hatte.

Kurz nach dem entscheidenden Jahr 1989 wurde erkannt, daß für Oberfranken als relativ strukturschwachem Raum – insbesondere gültig für die östliche Teilregion – die Außen- und Innendarstellung der Qualität als attraktiver Lebens- und Wirtschaftsraum eine wesentliche Voraussetzung zur Nutzung der neuen Entwicklungschancen darstellt.

Vor diesem Hintergrund wurde im Jahr 1991 von seiten der Industrie- und Handelskammer für Oberfranken mit Sitz in der Stadt Bayreuth eine Initiative zur Verbesserung des Selbst- und Fremdimages von Oberfranken durch regionales Marketing ins Leben gerufen. Das Bayerische Staatsministerium für Landesentwicklung und Umweltfragen förderte die Entstehung und Begleitung des regionalen Marketingkonzepts sowohl personell, inhaltlich und finanziell.

Die Unterstützung dieses Regionalmarketings in einem ländlichen Raum Bayerns war ein Pilotprojekt der Landesentwicklungspolitik. Der Modellcharakter drückte sich auch darin aus, daß die beiden oberfränkischen Universitäten Bamberg und Bayreuth kooperativ mit der Konzeption und Durchführung einer entsprechenden Grundlagenstudie zum Selbst- und Fremdimage von Oberfranken betraut waren. Sie waren interdisziplinär vertreten durch den Lehrstuhl Wirtschaftsgeographie und Regionalplanung der Universität Bayreuth (Prof. Dr. J. Maier) und den Lehrstuhl für Betriebswirtschaftslehre, insbes. Absatzwirtschaft, der Universität Bamberg (Prof. Dr. F. Wimmer). Die Bayerische Staatsregierung unterstützte diese Anfangs- und Einführungsphase des Regionalmarketings mit rd. 400.000 DM, die IHK Oberfranken Bayreuth stellte 200.000 DM bereit. Der Jahresetat 1995, bestehend aus Mitgliedsbeiträgen, beläuft sich auf rd. 100.000 DM.

Methodik der Grundlagen-Untersuchung für das Regional-Marketing Oberfrankens: Das regionale Selbst- und Fremdimage

Mit der empirischen Analyse des Selbst- und Fremdimages von Oberfranken sollte eine Grundlagenstudie die Basis für ein gezieltes regionales Marketing darstellen, mit dem nach innen letztlich die Identität und das Selbstbewußtsein der Region gestärkt, sowie nach außen eine Verbesserung des Bekanntheitsgrades wie auch bestimmter Wissens- und Vorstellungsdimensionen bewirkt werden soll. Das damit verfolgte Ziel einer Stärkung des Standortes Oberfranken im interregionalen Wettbewerb implizierte für die empirische Vorgehensweise eine Ausrichtung an wirtschaftsorientierten Zielgruppen, insbesondere an ansässigen bzw. potentiell ansiedlungsbereiten Unternehmen als auch von Führungskräften. Darüber hinaus legte es die ebenso auf das Binnenmarketing gerichtete Intention der Studie nahe, Repräsentanten der verschiedensten Institutionen in der Region einzubeziehen : Landräte, Bürgermeister, Wirtschaftsförderer, Verbände, Gewerkschaften, die Universitäten und Fachhochschulen, die Kirchen, Medien und die Wirtschaft. Dabei war es sehr hilfreich, daß die Zielsetzungen und die Vorgehensweise der Untersuchung ausführlich innerhalb einer Arbeitsgruppe beraten worden sind, die sich neben den Initiatoren und Gutachtern aus Vertretern der Bezirksregierung, der beiden oberfränkischen Planungsregionen sowie einzelnen Landkreisen zusammensetzte.

Das konkrete empirische Vorgehen der Grundlagenstudie setzte sich aus 5 Untersuchungsschritten zusammen:

- **Durchführung eines Experten-Hearing zum Thema "Regional-Image und Regional-Marketing"**

In einem eintägigen Workshop wurden mit Experten Fragen der Bedeutung und Erfassung regionalen Images, der Zielsetzungen und Zielgruppen regionalen Marketings sowie der diesbezüglichen Organisationsformen diskutiert. Die Expertengruppe setzte sich konkret aus Mitarbeitern der Prognos AG in Basel, dem Ifo-Institut für Wirtschaftsforschung in München, dem Büro für Kommunikation in Hamburg sowie dem Lehrstuhl für Marketing an der Universität Münster zusammen.

- **Sekundäranalytische Strukturanalyse der Region**

Dieser zweite Untersuchungsschritt diente der Identifizierung von Stärken und Schwächen der Region Oberfranken in regionalpolitisch sowie aus Unternehmenssicht bedeutsamen Standortfaktoren wie Bevölkerungsstruktur, Wirtschaft, Arbeitsmarkt, Verkehrsinfrastruktur, Bildung und Wissenschaft, Wohnsituation, Landschaft und Umwelt, Kunst und Kultur. Als Vergleichsregionen dienten Donau-Wald, Bodensee-Oberschwaben sowie die Regionen Trier und Rheinpfalz.

- **Befragung von Absolventen an bayerischen Universitäten und Fachhochschulen zum Image der Region Oberfranken**

Zukünftige Führungskräfte, die vor der Frage stehen, einen Arbeitsplatz in einem ländlichen Raum wie Oberfranken zu wählen, lassen sich bei dieser Entscheidung nicht zuletzt von ihrem Vorstellungsbild von der betreffenden Region leiten. Anhand eines strukturierten Fragebogens wurden insgesamt 131 Absolventen bzw. Examenskandidaten wirtschaftswissenschaftlicher sowie technischer Studiengänge an den Fachhochschulen Schweinfurt und Nürnberg sowie an den Universitäten Bamberg, Bayreuth, Erlangen-Nürnberg und Würzburg mündlich befragt. In die Stichprobe gelangten zu etwa gleichen Anteilen Absolventen aus Oberfranken wie nicht-oberfränkische Hochschüler.

- **Befragung von Repräsentanten und Unternehmen in Oberfranken zum Selbstimage der Region als Wirtschaftsstandort**

In diesem Untersuchungsschritt wurde zunächst in einer qualitativen Vorstudie ein ausgewählter Personenkreis von 21 Repräsentanten der Region in Form ausführlicher mündlicher Interviews zur Wahrnehmung der Situation in Oberfranken befragt. Diesem folgte eine schriftliche Befragung bei 99 oberfränkischen Unternehmen.

- **Schriftliche Befragung von Unternehmen außerhalb Oberfrankens zum Fremdimage der Region als Wirtschaftsstandort**

Zur Analyse des Fremdimages der Region erfolgte eine schriftliche Befragung unter der Gruppe der "500 größten Unternehmen Deutschlands", die allesamt außerhalb Oberfrankens angesiedelt sind. Insgesamt 61 Unternehmen beantworteten den relativ ausführlichen Fragebogen.

- **Schlußfolgerungen für das regionale Marketing von Oberfranken**

Den Abschluß der Grundlagenuntersuchung bildete die Formulierung konkreter Empfehlungen zur Organisation und Umsetzung eines regionalen Marketing für Oberfranken. Hier wurde auch die Steuerung und Koordination durch einen Initiativ- bzw. Arbeitskreis angeregt, der sich in Form des Vereins "Oberfranken Offensiv e.V." gründete.

Die Grundlagenuntersuchung (mit Durchführung der Erhebungen im Zeitraum von März bis September 1992) verfolgte somit einen primär qualitativ orientierten, auf Wahrnehmungen, Vorstellungen und (Vor-)Urteile über Oberfranken ausgerichteten Ansatz, der zugleich quantitativ abgesichert wurde. So konnte auch erreicht werden, daß sich die Initiatoren sowie die begleitende Arbeitsgruppe schrittweise mit den Problemen und Ergebnissen vertraut machten. Auch die für die spätere Realisierung der Kommunikationspolitik innerhalb des regionalen Marketing vorgesehene Werbeagentur wurde frühzeitig eingebunden.

Der Verein Oberfranken Offensiv e.V.

Der mit der Umsetzung des regionalen Marketing für Oberfranken betraute Verein Oberfranken Offensiv e.V. (gegründet im Dezember 1993) besteht aus einem Präsidium, das sich aus dem Regierungspräsidenten von Oberfranken, dem früheren Hauptgeschäftsführer der Industrie- und Handelskammer Oberfranken, dem Landrat des Landkreises Kulmbach und einem Senator aus Oberfranken zusammensetzt, ergänzt durch drei Beisitzer (Präsident der Handwerkskammer für Oberfranken, Oberbürgermeister der Stadt Bayreuth und ein bedeutender Unternehmer im östlichen Oberfranken).

Das erweiterte Präsidium besteht zusätzlich aus Vertretern des Bezirkstags, der Universität Bayreuth, (Ober-)Bürgermeistern, der Kammern, dem Bayerischen Staatsministerium für Landesentwicklung und Umweltfragen und der privaten Wirtschaft. Der Verein beschäftigt einen Geschäftsführer mit eigener Geschäftsstelle in der Stadt Bayreuth. Die Mitgliederzahl des Vereins beläuft sich auf etwa 150, davon etwa ein Drittel Gebietskörperschaften bzw. Kommunen und (alle oberfränkischen) Landkreise, ein Drittel Unternehmen, die Kammern, Vereine und Privatpersonen. Bei der privaten Wirtschaft liegt der Schwerpunkt bei mittelständischen Betrieben, in regionaler Hinsicht in der Region Oberfranken-Ost.

Konkrete Marketing-Maßnahmen

Als konkrete Marketing-Maßnahmen wurden bislang die folgenden Projekte realisiert (Stand März 1995):

- Druck und Veröffentlichung der Grundlagenuntersuchung;
- Marketing-Broschüre im Format DIN A 4 mit Darstellung des "Produktes": Oberfranken – gezielte Versendung der Neuauflage etwa an Ministerien, Botschaften, Interessenverbände, Arbeitsmarktverwaltung, Kommunen, Unternehmen, Schulen, Zentralverwaltung der Großbanken und Unternehmensberater;
- dreimalige Schaltung von Werbeanzeigen in der Süddeutschen Zeitung unter dem Motto: "Hätten Sie es gewußt ... ?", sowie in oberfränkischen Tageszeitungen;
- Faltblatt mit regionalen Detailinformationen, demnächst auch in englischer Sprache erhältlich;
- Videofilm für das Binnen- und Außenmarketing von Oberfranken mit einer Dauer von 22 Minuten, geplant ist eine englischsprachige Ausgabe;
- Broschüre zum Vereins-Marketing unter dem Motto: "Jetzt geht Oberfranken in die Offensive – machen Sie mit !";
- Druck von Aufklebern und einem Poster;
- Beteiligung an regionalen Festen;
- Beteiligung an einer Multi-Media-Säule in Oberfranken;
- Foto-Wanderausstellung "Oberfranken Offensiv" mit Präsentation z.B. in der Bayerischen Staatskanzlei, in regionalen Banken, auf Messen und Ausstellungen (geplant sind Präsentationen in Bonn, Brüssel, Dresden, Karlsbad und Prag);
- Erarbeitung eines Wandkalenders zum Thema "Oberfranken Offensiv", und
- Einrichtung einer Arbeitsgruppe "Regionalisierung des Schienen-Personen-Nahverkehrs".

Teil V:

Diskussion und Resümee

Diskussion

Herr Mager:

Ich darf das Wort nun an das Publikum richten und erteile dem ersten Fragesteller das Wort.

Frage aus dem Publikum:

Herr Dr. Weber, im Rahmen der Oberfranken-Offensive wurde eine Befragung von Hochschülern durchgeführt. Wurden nur Hochschüler aus Oberfranken befragt?

Herr Dr. Weber:

Es wurden zur Hälfte oberfränkische Hochschüler befragt und zur anderen Hälfte Studenten, die aus dem Bundesgebiet außerhalb Oberfrankens kommen.

Es war nicht die Intention der Untersuchung, eine repräsentative Studie anzulegen. Es sollte vielmehr eine qualitative Studie daraus hervorgehen. Es sind in Oberfranken alle Repräsentanten der verschiedenen Einrichtungen, auch die Bevölkerung, befragt worden. Diese Befragungen wurden von den Arbeitsgruppen begleitet. Die Repräsentanten sind in dieser Untersuchung nicht einbezogen worden, denn es war die Zielrichtung dieser Untersuchung, Meinungsbilder, Grundströmungen, Grundbilder dieser Region zu erfassen. Es war die eindeutige Zielsetzung, eine explorative Untersuchung anzulegen und – darauf aufbauend – in der Region mit Arbeitskreisen und Workshops konkret zu überlegen, wie ein Marketingkonzept aussehen könnte, um dies dann zusammen mit einer Werbeagentur umzusetzen. Ziel war es nicht, eine repräsentative Studie anzulegen.

Diskussion

Frau Kuron:

Ich habe eine methodische Frage an Herrn Dr. Weber und die anderen Referenten, soweit sie Befragungen von Unternehmen durchgeführt haben. Diese Befragungen waren ein wesentliches Standbein Ihrer Stärken-Schwächen-Analyse. Sie haben dazu eine Graphik mit Balken gezeigt, wie die allgemeinen Standortanforderungen der Unternehmer aussehen, sowie ein Profil, wie Oberfranken gesehen wird. Waren die Kategorien vorgegeben oder kamen die Formulierungen für das, was die Unternehmen sich wünschen, und die Einschätzung, wie sie Oberfranken sehen, von den Unternehmen selber?

Herr Dr. Weber:

Die Kategorien waren nicht vorgegeben, um nicht von vorneherein das Ergebnis der Untersuchung zu prägen. Es war ein wenig strukturierter Fragebogen mit offenen Fragen. Es handelte sich um mündliche Intensivinterviews, die zum Teil zwei bis drei Stunden dauerten, um sich zusammen mit den Unternehmen über den Raum klar zu werden. Keine Antwort war vorgegeben.

Herr Dr. Schönfelder:

Herr Dr. von der Heide sagte, daß es sehr schwer sei, eine Region abzugrenzen. Wir haben ja sehr unterschiedlich große Regionen behandelt, die auch sehr unterschiedlich ausgestattet sind.

Stichwort Halle-Leipzig: Im europäischen Rahmen muß eine Region eine Größenordnung von 1,3 Millionen Einwohnern haben, damit etwas passiert.

Es gibt ein Staatsvertragsgebiet zwischen Sachsen–Anhalt und Sachsen. Können Sie sich vorstellen, daß auch eine Sub- oder Teilregion des Raumes Halle-Leipzig, ich denke an den Südraum Leipzig, ebenso ein Gebiet wäre, wo die Gemeinden sich zusammenfinden? Dort geht es darum, Bergbaufolgelandschaften entstehen zu lassen und die Landschaft wieder lebenswert zu machen. Wäre eine solche regionale Entwicklungskonzeptlösung möglich?

Stichwort Südwestsachsen: Ich bin in einer der von Ihnen, Frau Unger, genannten Städte geboren, ich kenne mich dort also aus, und ich weiß, daß Sie mit Ihrem Gebiet im Verein der fünf Städte weniger Glück haben werden als vielleicht der Harz oder das Rheinland. Diese Region ist geprägt durch Altindustrie, die einmal sehr bedeutend war. Indiz dafür ist, daß in diesem Raum die ersten beiden Reichstagsabgeordneten der ältesten Partei Deutschlands gewählt worden sind. Hier war früher ein anderes Potential vorhanden. Heute geht es darum, die Textilindustrie abzulösen. Welche Entwicklungsimpulse kann es in der Region der fünf Städte außer dem Arbeitsplätzeaufbau noch geben, was ist möglich? Wie kann man eine "Klammer" finden, um nicht diese fünf Städte einzeln zu nennen?

Schließlich und endlich Stichwort Mitteldeutschland: Wir haben ja heute wiederholt gehört, daß verschiedene Leute miteinbezogen worden sind, auch Studenten. Ich habe mir sagen lassen, daß in der früheren Bundesrepublik Mitteldeutschland das war, was wir heute neue Länder nennen. Mitteldeutschland lebt aber dennoch, nicht nur der Film hat es gezeigt. Ich stehe im Gegensatz zu den Geographen, die meinen, Mitteldeutschland sei eine historische Kategorie und würde heute nicht mehr gelten. Ich meine von dem Dreieck

Magdeburg, Leipzig und Chemnitz, daß dieser Raum immer noch Mitteldeutschland ist. In dem Film wurde angedeutet, daß hier die Musik spielen würde. Vielleicht wird es mal wieder so. Halle-Leipzig ist die zweite Metropole neben Berlin in Ostdeutschland, wo es nun weitergeht oder weitergehen könnte.

Herr Dr. von der Heide:

Ich halte es für erforderlich, für den Gesamtraum Leipzig-Halle einen grenzüberschreitenden Planungsverband zu bilden. Das sollte aber nicht ausschließen, daß es für Teilräume des Gesamtraumes die Möglichkeit geben muß, Anträge auf ein regionales Förderungsprogramm zu stellen. Bei dem Prinzip der Freiwilligkeit kommt es nur darauf an, daß die Beteiligten sich auf ein solches Konzept einigen. Der Planungsverband für den Gesamtraum scheint mir allerdings unverzichtbar zu sein.

Frau Unger:

Ich möchte zuerst einmal sagen, daß die Bürgermeister und Oberbürgermeister eine enge Zusammenarbeit wollen. Als zweites kann ich als Kammer sagen, daß wir eine kontinuierliche Entwicklung bezüglich der Anzahl der Gewerbebetriebe nachweisen können. Es ist auch erkennbar, daß Betriebe aus den Altbundesländern in die neuen Bundesländer wandern, wenn auch nicht nur in unseren Raum.

Wenngleich auch heute von der Anzahl der Betriebe her überwiegend Handwerksbetriebe, Dienstleistungsbetriebe und Handelsbetriebe die Mehrzahl ausmachen, so glaube ich doch, daß ein kontinuierliches Wachsen von industriellen Standorten in den folgenden Jahren sichtbar wird.

Herr Schaaschmidt:

Ich möchte kurz etwas zu Mitteldeutschland sagen, zur ersten Frage, die sie in diesem Zusammenhang stellten. Es kommt für meine Begriffe darauf an, welche Zielgruppe man hat und ansprechen will. Das ist natürlich für die Aktion Mitteldeutschland eine ganz andere. Hier kann sich auch für die Region innerhalb Europas oder der Welt starkgemacht werden und gesagt werden: Kommt zu uns! So kann eine Konkurrenz zu anderen deutschen Regionen, zum Beispiel dem Ruhrgebiet oder anderen Regionen, zum Beispiel einem Ballungsgebiet irgendwo in Asien, entstehen. So ist das im Südraum Leipzig nicht. Die Frage ist natürlich, wo dort die Zielgruppe liegt. Herr Mohr hat das für den Harz recht klar definiert.

Er hat den vorhandenen Einzugsbereich, in bezug auf die Leute, die im Harz erfahrungsgemäß Urlaub machen, zugrundegelegt und gesagt, das müsse er zunächst qualifizieren. Wenn noch etwas hinzukommt, so wäre das von Vorteil.

Ähnlich muß es im Südraum Leipzig laufen. Man wird wohl kaum eine Vielzahl amerikanischer Besucher hier begrüßen wollen, das ist nicht die Zielgruppe. Man muß sich klar werden über die Identität, und was aus dieser Identität gemacht werden soll. Dann kann man sich entsprechend anpassen.

Diskussion

Beitrag aus dem Pubklikum:

Ich möchte gleich anknüpfen an den letzten Diskussionsbeitrag. Ich möchte einige Anmerkungen machen zu einem Aspekt, der vielleicht bisher etwas zu kurz gekommen ist, nämlich zum Standortmarketing, das sich ganz gezielt an Ansiedlungsbetriebe richtet.

Da kommen doch einige zusätzliche Aspekte zu dem hinzu, was wir bisher diskutiert haben. Vor allem deshalb, weil das ein äußerst schwieriges Geschäft ist. Es sind ja im Verhälnis zu dem, was an Fläche und Standorten angeboten wird, nur verschwindend wenige Betriebe, die sich überhaupt für einen neuen Standort interessieren. Das gilt nicht nur für die neuen Bundesländer, sondern genauso für Westdeutschland. Da kommt man nicht umhin, einige Dinge noch etwas konkreter anzugehen. Ich denke da zum Beispiel an die Standortsituation. Herr Mangels hatte dargelegt, daß es beim Stadtmarketing um die subjektive Einschätzung der Standortsituation geht.

Bei der Ansiedlungswerbung kommt es darauf an, den Standort mit den Augen potentieller Zielgruppen zu sehen und zu erkennen, was für diese interessant sein könnte. Sie kennen sicher diesen schönen Vergleich eines amerikanischen Werbemannes: "Ich persönlich esse am liebsten Erdbeertorte, aber wenn ich angeln gehe, überlege ich, was die Fische am liebsten mögen."

Ich glaube, das ist hier der Unterschied, auf den es ankommt. Man wird herausarbeiten müssen, worauf es ankommt. Was sind die spezifischen Vorteile und zwar in Konkurrenz zu anderen Standorten. Was alle haben, ist nicht viel mehr wert als der Sand in der Wüste. Die speziellen Vorteile des Standortes müssen herausgearbeitet werden.

Im zweiten Schritt muß erarbeitet werden, wer kommt in Frage oder könnte daran interessiert sein. Das sind eben nicht alle. Auch hier kommt es darauf an, zu selektieren, etwa nach Branchen, nach Herkunftskategorien usw. Im übrigen denke ich, daß diese Vorgehensweise nicht nur interessant ist für Ansiedlungsbetriebe, sondern letztlich auch in bezug auf die ansässige Wirtschaft. Wir wissen ja alle, man kann es in der Presse nachlesen, daß 30 bis 40 % der deutschen Betriebe sich mit dem Gedanken tragen, ihre Produktion ins Ausland zu verlagern. Es kommt also nicht nur darauf an, Betriebe zu gewinnen, sondern auch, die vorhandenen am Standort zu halten. Wichtig ist eine Einstellung auf die Zielbetriebe. Es muß praktisch eine Art Marktforschung betrieben werden, um deren Ziele zu erforschen. Ohne die läuft nichts. Man kann die Betriebe nicht per Planung an den Standort bringen, man muß letztlich an ihre unternehmerischen Interessen appellieren.

Standortmarketing ist nicht der Stein der Weisen. Obwohl man in der Wirtschaftsförderung diesen Eindruck gewinnen könnte, da Materialschlachten ausgetragen, und Millionenbeträge ausgegeben werden, um Ansiedlungsbetriebe zu bekommen. Auf der anderen Seite weiß man, oder wir glauben es aus der laufenden Beobachtung zu wissen, daß im ganzen Bundesgebiet pro Jahr nur mit etwa 120 bis 150 echten Neuansiedlungen mit 30 und mehr Beschäftigten zu rechnen ist. Wenn man die Diskrepanz zu den Materialschlachten sieht, die da geschlagen werden, dann muß man sich fragen, ob das noch sinnvoll ist, vor allem, wenn so ungezielt gearbeitet wird. Einerseits ist Stadtmarketing nicht der Stein der Weisen, aber andererseits kommt man nicht umhin, in diesem Konzert, in den Bemühungen aller, mitzumachen und wenigstens etwas davon zu erlangen und sich auch zu profilieren. Meine Anregung wäre nun, dies so gezielt wie möglich zu tun, gezielt auf das, was die Zielgruppen tatsächlich erwarten.

Diskussion

Herr Mangels:
Vielen Dank für diesen Beitrag. Ich denke, daß die Wirtschaftsförderer Ihnen in gewissem Rahmen sicherlich zustimmen werden. Was den Geldmitteleinsatz betrifft, die leeren Kassen besorgen da ihren Rest, so, daß die Materialschlachten sich in Zukunft in Grenzen halten werden. Das Standortmarketing ist in Verbindung mit dem Stadtmarketing ein wichtiger Beitrag. Die Neuansiedlungen werden, durch die regionale oder lokale Brille betrachtet, anders gesehen und definiert, als mein Vorredner es tut. Und deshalb wird auch noch diese Materialschlacht geschlagen. Grundsätzlich haben Sie jedoch recht.

Frage aus dem Publikum:
Eine Frage an alle Referenten: Inwieweit ist in die Überlegungen eine Zukunftsorientierung über die nächsten 10 oder 15 Jahre hinaus eingegangen? Trends und gesellschaftliche Veränderungen, die sich andeuten, müssen bei einer Regionalplanung heute schon berücksichtigt werden. Gibt es neben den Befragungen aktueller Befindlichkeiten oder aktueller Images auch Untersuchungen hinsichtlich Zukunfts- oder Trendforschungen, die hier mit eingeflossen sind? Ich glaube das ist etwas, was wir unbedingt berücksichtigen müssen bei diesen ganzen Marketingmaßnahmen. Ich kam auf die Frage durch den Beitrag meines Vorredners, wenn wir fragen, was will ein Betrieb eigentlich und wo gehen Betriebe in Zukunft hin. Warum setzen wir auf Industrieansiedlungen, wenn wir uns immer mehr von der Industriegesellschaft wegentwickeln? Inwieweit fließen also solche Fragestellungen in aktuelle Überlegungen ein?

Herr Dr. Weber:
Im Prinzip sollte genau das, was sie sagen, die Grundlage regionaler Entwicklungsprozesse sein, nur dann haben sie Sinn. Daß dies nicht in jedem Fall und nicht in jeder ersten Phase schon möglich sein wird, ist Realität. In einer Phase, in der wir Neuland betreten, ist das erste, was geschehen muß, daß die regionalen Zusammenhänge erkannt werden, denn nur dann kommt man ja zu einer geeigneten Kommunikationsform. Ich muß das später überprüfen und dann mit langer Zeitvorhersage begründen, wohin die Entwicklung gehen wird. Das ist eine schwierige Aufgabe.

Herr Dr. von der Heide:
Es ist auch klar: Wissenschaftlich gesehen ist es das Beste, wir nehmen ein teueres Institut und lassen eine wunderbare Analyse und Prognose machen, und dann setze ich mich hin und überlege, was ich davon brauchen kann, und mache das Konzept. Genau dieses wollen wir gegenwärtig nicht. Wir können es auch nicht wollen, denn es ist nicht genügend Geld dafür da; und dann glaube ich auch, daß nicht die notwendigen Kapazitäten für eine solche Forschung vorhanden sind. Es gibt Grenzen. Wir können bestimmte Forschungen nur mit bestimmten Instituten machen und in einem großen Teil sind diese Kapazitäten bereits ausgeschöpft. Das muß man auch mit einbeziehen. Gegenwärtig und in dieser Phase kommt es darauf an, das regionale Interesse und das regionale Bewußtsein zu entwickeln. Das ist schwierig, denn das Interesse liegt gegenwärtig doch noch ganz überwiegend im lokalen Bereich und nicht im regionalen Bereich.

Diskussion

Beitrag aus dem Publikum:

Es war nicht gemeint, daß jeder seine eigene Trendforschung betreiben soll, sondern, ob vorhandene Ergebnisse bereits in die Untersuchungen mit einbezogen werden.

Herr Dr. Weber:

Soweit solche Ergebnisse vorliegen, werden sie ganz sicher in den Projekten berücksichtigt. Man muß sich fragen, was die Grundlage für zukünftige Entwicklungen ist. Sie sagen mit Recht, die nächsten 10 bis 15 Jahre werden die entscheidenden sein, darauf muß man sich einstellen. Die Zielzetzung des Regionalmaketings Oberfranken Offensiv war zunächst ein Binnenmarketing. Wer den Raum kennt, weiß, daß der Raum zumindest in vier Teilräume mit unterschiedlichen Interessen zersplittert ist. Das Ziel war, die zersplitterten Interessen an einen Tisch zu bekommen, Konsensfindung zu betreiben und Kooperation für die Zukunft. Ich möchte dazu ein Beispiel geben.

Vor vier Jahren gab es in Bayern die Diskussion, neue Fachhochschulen zu gründen. Die Staatsregierung hatte acht Fachhochschulstandorte ausgewiesen. Der zweite Schritt beinhaltete Bewerbungen von Kommunen und Gemeinden. Oberfranken konnte sich nicht auf einen Standort einigen. Das Ergebnis war der Vorschlag, vier verschiedene Lehrstühle in vier verschiedene Städte zu bringen, das heißt, die Fachhochschüler wären den ganzen Tag unterwegs gewesen. Das Ergebnis war: Oberfranken hat keine Fachhochschule bekommen. Man vergibt sich damit Chancen, auch im Bereich der jetzt ausgeschriebenen Existenzgründungen, einen geeigneten Standort zu finden.

Es wird zur Zeit die Einrichtung einer Entwicklungsagentur diskutiert. Die Entscheidungsträger müssen sich darüber klar werden, wo die Agentur für die nächsten 15 Jahre hinkommt, wie ein kreatives Milieu geschaffen werden kann, wie Konsensfindung und die Wirkung nach innen erreicht werden können. Mit diesem Verein, in dem die Entscheidungsträger sehr breit angebunden sind, ist sehr vieles erreicht worden, um die Basis für die zukünftigen Entwicklungen zu schaffen, wo vorher die Lokal-Egoismen und die Lokal-Patriotismen die Oberhand hatten.

Frau Unger:

Herr Dr. Weber hat einen Punkt angesprochen, der vor allem den Standort betrifft. Wenn ich mir die neuen Bundesländer betrachte, wo das Regionalmarketing noch mehr in den Kinderschuhen steckt als in vielen Regionen Westdeutschlands, so muß ich sagen, wir haben auf der einen Seite großes Glück und auf der anderen Seite großes Pech, weil wir heute im Prinzip nicht genau wissen, wohin es sich entwickelt.

In den letzen vier Jahren sind bei uns im Kammerbezirk etwa 40.000 neue Unternehmen entstanden einschließlich der Handwerksbetriebe. Ich kann nicht nachweisen, in welchen Regionen eine Konzentration von welchen Betrieben vorhanden ist. Ich kann es erahnen und schätzen, aber ich kann es nicht nachweisen. Ich kann auch nicht nachweisen, welches Innovationspotential darin steckt. Und das muß ich berücksichtigen, wenn ich Zukunftsforschung mit einbeziehen will. Das ist also in diesem Fall hier wahrscheinlich noch gar nicht möglich, jedenfalls von der Wirtschaftsstruktur aus. Vielleicht sehe ich das jetzt auch zu sehr von der Wirtschaft aus. Auf der anderen Seite ist es eine große Chance, denn wir haben Unternehmensansiedlungen, die mit modernsten und auch zukunftsorientierten Techniken ansässig werden, die die Wirtschaftsstruktur entscheidend prägen und auch die Entwicklungsstruktur und die zukünftige Entwicklung prägen werden. Aber es ist heute sehr schwer, so etwas zu berücksichtigen, und das ist hier bei uns noch viel schwerer als in den westlichen Regionen.

Herr Westermann:
Zukunftstrends kann man sehr sorgfältig beobachten, aber was dann wirklich kommt, darauf kann man letztlich erst reagieren, wenn es soweit ist.

Beitrag aus dem Publikum:
Ich sehe gar nicht die Notwendigkeit, eine Zukunftsforschung anzustellen. Man muß sich am Markt orientieren.

Herr Mager:
Es ist sicherlich richtig, daß eine Vision vorliegen sollte. Inwieweit man diese Vision oder Zielrichtung untermauern kann und das auch noch wissenschaftlich, da wird es natürlich fragwürdig. Wie Herr Westermann sagte, wird es in den Kommunen besonders eng, weil man nicht weiß, was auf einen zukommen wird. Rahmenbedingungen, mittelfristige Ziele gibt es schon, aber die Untermauerung fällt natürlich schwer. Das ist sicherlich auch ein Hauptbestandteil von dynamischen Prozessen, daß sie nicht unbedingt auf 10 oder 15 Jahre vorausgesehen werden können.

Herr Dr. Heller:
Betrachten wir einmal die Aktion Mitteldeutschland und die Ziele, die hier verfolgt werden. Wenn ich die Stadtmarketingprojekte nehme, die vom Wirtschaftsministerium des Landes Sachsen-Anhalt aus gefördert werden, dann ist das wieder ein anderer Ansatz. Es ist im Laufe der Tagung klar geworden, daß Stadtmarketing und der Stadtmarketingprozeß etwas ist, was sich im Kopf abspielt.

Dann ist für mich ein ganz wichtiger Punkt, daß hier in den neuen Ländern das kommunale Selbstverständnis und auch das Demokratieverständnis erst im Aufbruch ist. Hier gibt es ganz andere Verwaltungsstrukturen und andere Denkweisen in der Verwaltung, auch ganz andere Denkweisen in der Unternehmerschaft. Auch das ist ein Ergebnis dieses Workshops gewesen, daß die Unternehmerschaft mit ganz anderen Zielsetzungen an die Aufgaben herangeht.

Was Herr Dr. Weber für Oberfranken dargelegt hat, scheint mir eine andere Schiene zu sein, die mehr auf der Ebene liegt, was Herr von der Heide vorgestellt hat. Hier müssen schon intakte Verwaltungen zusammengeschaltet werden; es wird versucht, intakte Verwaltungen zu koordinieren.

Die Oberfranken-Offensive fängt mit Marketing an, auch die Aktion Mitteldeutschland fängt mit dem Außenmarketing an, um den Begriff Mitteldeutschland wieder zur Sprache zu bringen. Mit dem Videofilm sollen die Leute auf die Region aufmerksam gemacht wer-

Diskussion

den. Das ist eine andere Stufe. Man muß mitbeachten, daß das Stadtmarketing ein ganz differenziertes Spektrum mit verschiedenen Handlungsansätzen hat.

Ich meine, daß Stadtmarketing ein wichtiger Ansatz ist, der dringend erforderlich ist, um das, was in den alten Bundesländern schon vorhanden ist, hier im Aufbruch auch zu schaffen und es noch besser zu schaffen.

Die Strukturen sind im Fluß, die Dinge sind im Osten noch nicht so erstarrt, wie in den alten Bundesländern. Das ist ein Vorteil, und das müssen wir nutzen.

Herr Mager:

Besser hätte man den Handlungsansatz des Deutschen Verbandes für Angewandte Geographie für eine Veranstaltung, wie die heutige, nicht umschreiben können. Wie Sie sagen, ist ein Erfahrungsaustausch zwischen denen, die schon Lehrgeld bezahlt haben, und denen, die noch am Anfang stehen, zu betreiben.

Beitrag aus dem Publikum:

Das ist nicht der Punkt. Was Dr. Heller sagte, spricht nicht die unterschiedlichen Erfahrungen an. Es sind unterschiedliche Voraussetzungen vorhanden. Wir müssen auch die Produktpolitik sehen. Es muß erst mal eine Produktentwicklung vorhanden sein, um das Produkt "Industriestandort Neue Bundesländer" zu entwickeln, bevor man es auf dem Markt positionieren kann. Es ging in den Beiträgen schwerpunktmäßig um Kommunikationspolitik die betrieben werden muß, aber weniger um die Produktpolitik und Produktentwicklung. Das ist glaube ich der Hauptunterschied zum Stadt- und Regionalmarketing in den alten Bundesländern. In den neuen Bundesländern muß hierauf stärker gesetzt werden.

Der zweite Aspekt ist, Stadtmarketing sollte nicht als Instrument gesehen werden, sondern als Management-Methode, als Austauschprozeß zwischen den verschiedenen Beteiligten und der Planung.

Herr Hartmann:

Ist Stadtmarketing – betrachtet nach dieser Tagung – nicht "alter Wein in neuen Schläuchen"? Das wird meines Erachtens dadurch deutlich, daß es letztlich immer an einer integeren Führungspersönlichkeit hängt. Wenn sich der Oberbürgermeister das Thema Stadtmarketing auf die Fahne geschrieben hat, wird es sicherlich einer besseren Umsetzung zugeführt. Dieses konnte man gut am Beispiel der Stadt Frankenthal, in der Nähe des Neckar-Wirtschaftsraumes Ludwigshafen-Mannheim, sehen, wo Anfang der 90er Jahre ein allumfassendes Stadtmarketing-Konzept bekannt wurde. Wir konnten uns im Rahmen einer Exkursion der Universität Bayreuth im Februar 1995 zu diesem Thema davon überzeugen.

Der OB hat die ehemalige Chefsache laufen lassen, so daß deutlich wurde, daß das Stadtmarketing-Konzept nach und nach nur noch langsam von der Verwaltung umgesetzt wurde. Die Verwaltung erledigt ihr "Pflichtprogramm" und schaut ab und zu in das Konzept, weil sich der OB mit dem Konzept eher zurückhält.

"Alter Wein in neuen Schläuchen" meine ich deshalb, weil es früher, als noch niemand von Stadtmarketing sprach, auch schon persönlichkeitsorientierte Verwaltungsspitzen gab, die sich zum Positiven ihrer Stadt eingesetzt haben, so daß die zwingende Notwendigkeit einer Stadtmarketing-Konzeptionierung nicht gegeben ist.

Herr Prof. Dr. Erichson:

Qualitätssicherung und Erfolgskontrolle im Stadtmarketing: Um Kriterien für Qualitätssicherung und Erfolgskontrolle im Stadtmarketing abzuleiten, muß man sich zunächst Klarheit über die Zielsetzungen verschaffen. Wenngleich diese in jedem Einzelfall unterschiedlich sein werden, so lassen sich doch gemeinsame Oberziele nennen.

Marketing bedeutet konsequente Kundenorientierung – dies ist offenbar vielen, die Stadtmarketing betreiben (Politiker, Verwaltungsstellen, Initiativkreise, Berater, etc.), noch nicht bis in die letzte Konsequenz bewußt geworden. Die Diskussionen auf der Tagung haben dies deutlich gezeigt.

Die "Kunden" einer Stadt lassen sich in interne und externe Kunden bzw. Zielgruppen unterteilen. Entsprechend lassen sich aus der Kundenorientierung zwei Oberziele für Stadtmarketing ableiten:

- Erhöhung der Zufriedenheit interner Zielgruppen der Stadt (Bürger, Gewerbetreibende, ansässige Unternehmen);
- Erhöhung der Attraktivität für externe Zielgruppen (zuzugsinteressierte Personen oder Unternehmen, potentielle Investoren, Touristen).

Das erste Ziel beinhaltet die Verbesserung der wirschaftlichen und sozialen Beziehungen in einer Stadt, das zweite die Verbesserung der Wettbewerbsposition einer Stadt im Vergleich zu anderen Städten. Dabei sind diese Ziele nicht unabhängig voneinander, sondern können sowohl in komplementärer wie auch konkurierender Beziehung zueinander stehen.

In der Zielbildungsphase eines Marketing-Planungsprozesses sind aus den Oberzielen Unterziele bzw. eine Zielhierarchie abzuleiten, wobei die untergeordneten Ziele jeweils Mittel zur Erreichung übergeordneter Ziele sind. Dies ist ein ebenso wichtiger wie schwieriger Prozeß. In jedem Fall aber bedarf es hierzu im Rahmen einer vorgeschalteten Situationsanalyse des Einsatzes von Marktforschung, um Kundenorientierung zu gewährleisten. Nicht die Meinungen von Experten oder Interessengruppen, sondern die der Kunden müssen maßgeblich für die Zielrichtung sein. Mittels Marktforschung sind daher die Bedürfnisse, Probleme und Präferenzen der Kunden, spezifiziert für wohldefinierte Zielgruppen (z.B. Jugendliche, Berufstätige, Senioren etc.) zu erfassen. Qualitätskriterien für die Durchführung dieser Erfassung sind insbesondere Objektivität, Validität, Reliabilität und Repräsentanz. Sie bilden notwendige Kriterien für die Qualität von Stadtmarketing. Transparenz ist ein weiteres wichtiges Kriterium, welches den Zielbildungsprozeß und die darauf basierenden strategischen und operativen Entscheidungen betrifft. Die daraus resultierenden Maßnahmen schließlich müssen auf Effizienz geprüft werden.

Damit sind einige notwendige Kriterien für die Qualität von Stadtmarketing aufgezeigt. Während diese primär den Prozeß des Stadtmarketings betreffen, müssen im Rahmen einer Erfolgskontrolle auch die Ergebnisse erfaßt und den jeweiligen Zielen gegenübergestellt werden.

Stadtmarketing sollte nicht als ein zeitlich begrenztes Einzelprojekt, sondern vielmehr als langfristiger Prozeß angelegt werden. Dieser Prozeß sollte als Regelkreis ausgestaltet wer-

Diskussion

den, wobei Qualitätssicherung und Erfolgskontrolle die notwendigen Rückkopplungsinformationen liefern. Für die Qualitätssicherung kann dabei mit Vorteil auf die Methoden des Total Quality Managements (TQM) sowie die Vergabepraktiken von Qualitätspreisen (z.B. Malcolm Baldrige National Quality Award oder European Quality Award) zurückgegriffen werden. Für die Erfolgskontrolle liefert das Controlling vielfältige Instrumente.

Herr Maretzki:

Zur Klärung des Begriffs Stadtmarketing: Nach den umfangreichen Erfahrungsberichten und Diskussionen im Rahmen der zweitägigen DVAG-Tagung scheint mir eine inhaltliche Klärung des Begriffs Stadtmarketing dringend geboten.

Die Ausführungen von Herrn Prof. Erichson vorausgesetzt, soll im folgenden versucht werden, kurz die Aktionsfelder und Handlungsinstrumente des Stadtmarketings zu verdeutlichen.

Der Aspekt der Koordination/Moderation, in vielen Diskussionsbeiträgen als wesentliche Leistung des Stadtmarketings herausgestellt, wirkt intern diskussionsfördernd und konsensbildend in der Stadt. Gleichzeitig wird deutlich, daß mit dem Begriff "Stadt" in keinem Fall allein die bereits üblicherweise in städtischen Angelegenheiten tätige Stadtverwaltung gemeint ist, sondern der Begriff der "Akteure" neben der Stadtverwaltung weitere Interessengruppen wie Handel, Handwerk, Hotellerie, Gastronomie, Gewerbe, Industrie, Verbände und Vereine, Kulturschaffende, Umweltgruppierungen, Bürgerinitiativen etc. sowie interessierte Bürger einschließt. Diesen Akteuren ist ein Interesse an der Förderung städtischer Belange im weiteren Sinne gemeinsam (das natürlich durch primär vorhandene Einzelinteressen motiviert sein kann) sowie die Bereitschaft, sich für diese Belange auch zu engagieren. In der Regel besitzen diese Akteure auch eine gewisse "Hebelwirkung", d.h. bereits ihr Einzelengagement wirkt stärker als das eines einzelnen Bürgers. Offen diskutiert wurde in diesem Zusammenhang insbesondere die Einbeziehung politischer Willensträger, da eine frühe Integration die Gefahr konsensverhindernder parteipolitischer Profilierungsversuche impliziert, ein kompletter Verzicht jedoch die Umsetzung entwickelter Maßnahmen in Frage stellt. Wichtig scheint hier eine gezielte Einbindung zu einem Zeitpunkt nach der grundsätzlichen Konsensfindung vor der Umsetzung konkreter Maßnahmen. Diese Integration kann in der Herbeiführung eines Stadtratsbeschlusses bestehen. Hierdurch werden auch Vorwürfe einer "Nebenregierung" und des Demokratieversagens gemildert.

Ein zweites Aktionsfeld stellt die für die Stadtentwicklung zentrale öffentliche Verwaltung dar, die im Zuge des Wettbewerbes um knapper werdende Ressourcen in Form von Touristen, Investoren oder Finanzhilfen von übergeordneten Gebietskörperschaften, Standortvorteile nur durch einen Wandel von einer administrativen Behörde hin zu einer Dienstleistungsfunktion realiseren kann. Internes Marketing heißt, daß die Mitarbeiter durch gezielte Maßnahmen mit dem Kerngedanken des Marketings, einer konsequenten Kundenorientierung, vertraut gemacht werden. Internes Marketing heißt nicht – ebenso wie Stadtmarketing dies nicht bedeutet – die Leistungen der Stadtverwaltung positiv in der Öffentlichkeit darzustellen.

Die Produktpolitik als Festlegung des/der Leistungsbündel, die die Stadt ihren Zielgruppen anbieten will, setzt eine systematische Vorgehensweise mittels Planungstechniken wie einer Stärken-Schwächen-Analyse und einer Chancen-Risiken-Analyse voraus und impliziert zur

Diskussion

Informationsgewinnung den Einsatz von Marktforschungsinstrumenten. Auf Basis der systematisch gewonnenen Informationen kann dann ein Leitbild formuliert werden, also eine grundlegende Zielprojektion für die Stadt, die der Unternehmensmission oder einem Grundgesetz entspricht. Dieses Leitbild ist in keinem Fall ein inhaltsleerer, phrasenbeladener Slogan, der direkt in die Öffentlichkeit kommuniziert wird, sondern Basis für die Formulierung von Zielen für die einzelnen Zielgruppen, die die Akteure des Stadtmarketings identifiziert haben.

Diese Zielgruppen werden differenziert im Rahmen der Kommunikationspolitik angesprochen. Dies bedeutet, daß für jede Zielsetzung spezifische Standortvorteile kommuniziert werden, die sich aus der Produktpolitik ergeben sollten. Inhaltsleere Aussagen über nicht vorhandene Gegebenheiten führen sehr schnell zu einer langanhaltenden negativen Wirkung. Hierbei ist eine scharfe Profilierung im Sinne der Herausstellung eines herausragenden Standortvorteils dem Versuch, jeder Zielgruppe alle Vorteile kommunizieren zu wollen, vorzuziehen. Wesentliche Determinanten für die Wirksamkeit sind die Prägnanz der Aussage sowie die professionelle Umsetzung in entsprechende Werbemittel. Von kostensenkenden Versuchen kommunaler Hobbywerbetexter ist hier dringend abzuraten.

Herr Mager:
Meine sehr geehrten Damen und Herren, ich danke für den konstruktiven Meinungsaustausch.

Resümee

Von Rolf Beyer und Irene Kuron

Erweiterung des Marketingbegriffes

Die Beiträge zeigen, daß seit Anfang der 90er Jahre die Begriffe "Stadtmarketing" und "Regionalmarketing" an Kontur und Klarheit gewonnen haben.

Mehrere Autoren versuchten, die Termini Stadt- und Regionalmarketing in die betriebswirtschaftliche Disziplin Marketing einzuordnen bzw. gegenüberzustellen. Die Tendenz ist eine Fortentwicklung und Erweiterung des Marketingbegriffs. Das klassische Marketinginstrumentarium wird auf neue Zielgruppen und "neue Produkte" angewandt. Der Kern aller Marketingbemühungen bleibt jedoch die Kundenorientierung - d.h. die Orientierung *am* Kunden (Analyse) und die Orientierung *auf* den Kunden (zielgruppengerechtes Angebot) -, wobei der Begriff des Kunden sehr weit definiert wird. Als innere "Kunden" wurden genannt die Bürger, die einheimische Wirtschaft, als äußere "Kunden" potentielle Investoren und Touristen. Aus dieser Orientierung ergeben sich die in den Fallbeispielen geschilderten Ansätze des Innenmarketings und des Außenmarketings in Form des Standortmarketings und der Tourismusförderung. Wichtiges Element des Innen- wie des Außenmarketings war in allen Fällen eine positive Imagebildung. Als wichtigstes Instrumentarium wurde von allen Referenten die Kommunikation eingeschätzt. Eine offene Kommunikation ist die Basis für den gesamten Marketingprozeß von der Analyse bis zur Umsetzung. Die Kommunikation nach außen dient primär der Informationsgewinnung (Analyse) und Informationsvermittlung (Imagebildung/Angebotsdarstellung). Hingegen ist die Kommunikation nach innen eine wesentlich komplexere Interaktion, die über die o.g. Funktionen hinaus auch der intensiven Diskussion, der Aktivierung bislang unerschlossener endogener Potentiale, der Konfliktverarbeitung und der Konsensbildung dient.

Gegenüberstellung von Stadt- und Regionalmarketing

Deutlich geworden ist, daß zwischen Stadtmarketing und Regionalmarketing Gemeinsamkeiten, aber auch Unterschiede bestehen.

Ein wichtiger Unterschied zwischen beiden liegt zunächst in der unterschiedlichen Dimension der räumlichen, sozialen und emotionalen Bezugsgrößen. Im Stadtmarketing liegen im Gegensatz zum Regionalmarketing die älteren, zahlreicheren und vielseitigeren Praxiserfahrungen vor - wobei anzumerken ist, daß auch "Stadtmarketing" eine junge Disziplin ist, die erst seit Beginn der 90er Jahre betrieben wird. Stadtmarketingprojekte sind aufgrund ihrer Dimensionierung und ihres engen lokalen Bezuges zumeist konkreter, sind stärker auf Förderung der Binnenkommunikation orientiert, zugleich ist aber die Fülle der Themen breiter.

Die zunächst als Vorteile erscheinenden Komponenten - persönliche Beziehungen unter den Akteuren, kurze Wege, enge Kontakte, vermeintliche Kenntnis von Positionen und gegenseitige Einschätzung - bergen ein erhebliches Konfliktpotential in sich. Dies kann zu massiven Problemen in Stadtmarketingprojekten führen und nicht zuletzt zu deren Scheitern. Anspruch des Stadtmarketings ist es, möglichst viele Interessengruppen zur Mitarbeit und Kooperation zu motivieren, um die ganze Breite des Potentials in der Kommune einzubinden. Die Schwierigkeiten bei der notwendigen Konsensfindung zwischen diesen unterschiedlichen Gruppen dürfen nicht unterschätzt werden. Die für die Kreativität und offene Kommunikation notwendige "Nähe" kann zum kritischen Punkt eines Stadtmarketingprojekts werden.

Diese Problematik wurde in mehreren Fallbeispielen u.a. an Hand der Einbeziehung oder Nicht-Einbeziehung von Politikern deutlich (z.B. Magdeburg, Bergisch Gladbach, Bonn-Bad Godesberg).

Regionalmarketing setzt auf Außenwirkung

Beim Regionalmarketing dominiert bei den Zielkatalogen, aber noch deutlicher in der praktischen Umsetzung, der Wunsch nach Außenwirkung. Externe Imageverbesserung, Förderung von Tourismus und Gewerbeansiedlung stehen im Vordergrund der Bemühungen. Zunehmend wird auch die Lösung von überörtlichen Aufgaben zum Thema von Regionalmarketing, wie beispielsweise die Bewältigung von Entsorgungs- oder Verkehrsproblemen. Hier eröffnen Regionalmarketingprojekte neue Chancen zur interkommunalen Kooperation.

Regionalmarketing reduziert sich in der Praxis zu weiten Teilen auf Standortmarketing. Daß dieser Ansatz zu kurz greift und die Chancen des Instrumentes nicht ausschöpft, ist erkannt. Die Bemühungen der nächsten Jahre müssen deshalb darauf abzielen, dem Anspruch eines umfassenden Marketingbegriffs nicht nur in der Analysephase, sondern auch in den folgenden Leitbild-Definitions- und Umsetzungsphasen gerecht zu werden.

Regionalmarketing und die lokale Basis

Weitgehende Einigkeit besteht darüber, daß ein Regionalmarketing möglichst aus laufenden Stadtmarketingprojekten mehrerer Kommunen einer Region hervorgehen sollte. Regionalmarketing sollte nicht losgelöst von den kommunalen Marketingaktivitäten betrieben werden, sondern vielmehr auch lokal verankert sein. Die Interdependenzen zwischen den lokalen Stadtmarketingaktivitäten und dem übergeordneten Regionalmarketing können im Erfolgsfalle zu Synergieeffekten führen - im negativen Fall zu Blockaden und kontraproduktiven Aktionen, die in Fehlinvestitionen münden.

In der Praxis ist die Entstehung von Regionalmarketingprojekten von der lokalen Basis her noch die Ausnahme. Zumeist erfolgte die Implementierung unabhängig von laufenden Stadtmarketingprojekten und aus überörtlichen Motiven heraus.

Regionale Unterschiede

Neben den Unterschieden zwischen Stadt- und Regionalmarketing ist auch deutlich geworden, daß es vor allem beim Stadtmarketing Unterschiede zwischen Ost- und Westdeutschland gibt. Anders als in Westdeutschland stehen im Osten für Stadtmarketing umfangreiche Fördermittel zur Verfügung, kaum ein Projekt wird ohne Mitarbeit externer Beratungsfirmen durchgeführt. Dabei geht es zunächst um den Aufbau von Strukturen sowie die Generierung und Implementierung von spezifischen Ideen und Maßnahmen im Hinblick auf die spezielle Problemlage in den neuen Ländern.

In Westdeutschland dagegen ist Stadtmarketing eher ein Kommunikationsinstrument, das der Aktivierung, Koordinierung und Verknüpfung vorhandener, endogener Potentiale und dem Abbau intrakommunaler Hemmnisse und verkrusteter Strukturen dient. Seine Entstehung geht nur in wenigen Fällen auf das Vorhandensein von Förderprogrammen zurück, vielmehr basieren westdeutsche Stadtmarketingprojekte mehrheitlich auf Eigeninitiativen von kommunalen Verwaltungen, Vereinigungen oder Verbänden (Werbegemeinschaften, Handels- und Wirtschaftsverbänden).

Strukturelemente von Stadt- und Regionalmarketing

Zu den Gemeinsamkeiten in Ost wie West, bei Regional- wie Stadtmarketing zählen

- die organisatorischen Strukturen (z.B. Initiativkreis, Lenkungsausschuß, Facharbeitskreise),
- die Methoden (z.B. Stärken-Schwächen-Analyse, Abgleich Selbstbild/Fremdbild, brainstorming) und
- die Prozeßabläufe (z.B. Leitbildformulierung, Erstellung eines Maßnahmenkataloges, Maßnahmenumsetzung, Erfolgskontrolle).

Nach der Durchführung einer umfassenden Analyse beginnt der eigentliche Marketingprozeß auf der Basis der gewonnenen Analyseergebnisse.

Der Marketingprozeß ist als ein in jeder Phase offener Prozeß zu verstehen, der trotz klarer Zieldefinition nicht auf eine Finalität hin angelegt ist. Der bekannte typische Ablauf in definierten Phasen darf nicht dazu verleiten, Stadt- und Regionalmarketing als lineares Vorgehen mit einem klaren Ziel - und damit Ende - zu betreiben. Vielmehr handelt es sich um einen revolvierenden Prozeß, bei dem man von Runde zu Runde eine höhere Niveaustufe des Gesamtprozesses erreicht. Stadt- und Regionalmarketing ist ein permanenter Prozeß, der wie eine Spirale organisiert ist und ein geordnetes und strategisches Vorgehen erfordert.

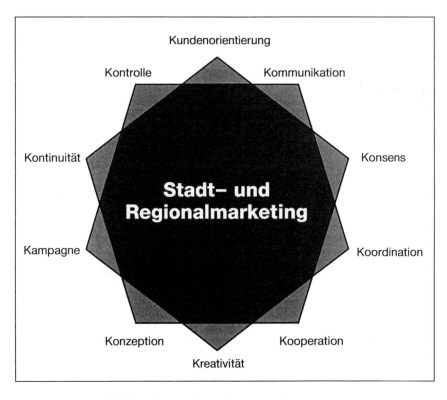

Abbildung 1: *Das 10-K-Modell des Stadt- und Regionalmarketings*

Diese Spirale wird von zehn entscheidenden Komponenten geprägt, die im 10-K-Modell für Stadt- und Regionalmarketing dargestellt werden können (vgl. Abb. 1).
Die Komponenten, die das Gerüst für die Marketingspirale bilden, sind
- Kundenorientierung (ist Richtschnur aller Aktivitäten),
- Kommunikation (entscheidend für alle Austauschprozesse nach innen wie außen),
- Konsens (weitgehender Konsens als Voraussetzung für Leitbild- und Maßnahmenformulierung sowie Identifikation),
- Koordination (organisatorische Grundvoraussetzung und Bündelung der Kräfte),
- Kooperation (Freisetzung von Synergieeffekten und innere Stärkung des Prozesses),
- Kreativität (Aufbrechen verkrusteter Strukturen und Findung innovativer Wege und Maßnahmen),
- Konzeption (klare Zieldefinition und organisiertes Vorgehen),

- Kampagne (Umsetzung der Maßnahmen),
- Kontinuität (langfristige Strategie und Ausdauer innerhalb des permanenten Prozesses),
- Kontrolle (Erfolgskontrollen im Sinne der Kundenorientierung).

Trotz der in diesem 10-K-Modell aufgezeigten allgemeingültigen Grundstruktur des Marketingprozesses führt Stadt- und Regionalmarketing nicht zu einer Nivellierung. Es geht nicht um Gleichmacherei, sondern Stadt- und Regionalmarketing werden im Detail immer an den lokalen Besonderheiten orientiert sein, sie suchen das Besondere, Unverwechselbare und können somit nur mit individuellen Lösungen zum Erfolg führen. Ziel ist die Positionierung einer Stadt oder Region als einzigartig mit ihren individuellen Alleinstellungsmerkmalen (USP - Unique Selling Proposition).

Stadt- und Regionalmarketing - Irrweg oder Stein der Weisen?

Die Frage "Stadt- und Regionalmarketing - Irrweg oder Stein der Weisen?" wurde von den Autoren klar beantwortet: Keines von beiden. Die geschilderten Erfahrungen aus den Fallbeispielen zeigen, daß es sich um keinen Irrweg handelt. Der während der Tagung von mehreren Autoren zitierte Leitgedanke "Der Weg ist das Ziel" greift jedoch zu kurz. So wichtig die Betonung der Prozeßhaftigkeit auch ist, um so wichtiger ist es, inhaltliche Ziele in den Vordergrund zu stellen.

Offensichtlich wird, daß *den* Stein der Weisen beim Stadt- und Regionalmarketing nicht geben kann. Zum einen beruht der Erfolg von Stadt- bzw. Regionalmarketingprojekten gerade auf der lokalen bzw. regionalen Individualität; zum anderen ist Stadt- und Regionalmarketing nicht ausschließlich eine Angelegenheit für "Weise", vielmehr erfordert der postulierte offene Kommunikationsprozeß eine breite Einbindung der Bürger und die Erschließung der endogenen Potentiale.

Autorenverzeichnis

Dipl.-Kaufmann Michael Bertram
Bereichsleiter "Städte und Regionen"
Prognos AG
Missionsstraße 62
CH-4012 Basel

Rolf Beyer
Geographisches Institut der
Universität Bonn
Meckenheimer Allee 166
53115 Bonn
Gesellschaft für Stadt- und Regionalmarketing
Königstraße 68
53115 Bonn

Dipl.-Geograph Andreas Hauck
Stadtplanungsamt der Hansestadt Greifswald
Gustebiner Wende
17491 Greifswald

Dr. Hans-Jürgen von der Heide
Präsident a.D. der Akademie für Raumforschung und Landesplanung
Deutsches Seminar für Städtebau und Wirtschaft
Ellerstraße 58
53119 Bonn

Dipl.-Volkswirtin Irene Kuron
Geschäftsführende Gesellschafterin der
OPUS 1 Gesellschaft für Unternehmensberatung, Management & Training mbH
Königstraße 68
53115 Bonn
Gesellschaft für Stadt- und Regionalmarketing
Königstraße 68
53115 Bonn

Dipl.-Geograph Thomas J. Mager
Vorsitzender des Deutschen Verbandes für
Angewandte Geographie e.V.
Sachgebietsleiter Wirtschaftsförderung und ÖPNV
Stadt Euskirchen
Amt für Liegenschaften und Wirtschaftsförderung
Kölner Straße 75
53879 Euskirchen

Claus Mangels
Vorsitzender des Vorstandes der
Stadtsparkasse Magdeburg
Lübecker Straße 126
39124 Magdeburg

Prof. Dr. Hans-Günther Meissner
Lehrstuhl Marketing
Fachbereich WISO
Universität Dortmund
44221 Dortmund

Klaus-Hermann Mohr
Harzer Verkehrsverband e.V.
Marktstraße 45 (Gildehaus)
38640 Goslar

Dieter Noth
Regio Rheinland e.V.
brain - Büro für regionale Analyse und Innovation
Neumarkt 18
50667 Köln

Dipl.-Ökonomin Regina Roß
Kavalierstraße 4
Berlin 13187

Dipl.-Ökonom Achim Schaarschmidt
Industrie- und Handelskammer Halle-Dessau
Georg-Schumann-Platz
06110 Halle

Dr. Klaus Schucht
Wirtschaftminister des Landes Sachsen-Anhalt

Dipl.-Ing. oec. Renate Unger
Geschäftsführerin
Industrie- und Handelskammer Südwestsachsen
IHK-Regionalkammer Zwickau
Äußere Schneeberger Straße 34
08056 Zwickau

Dr. Wolfgang Weber
Geographisches Institut der
Universität Bayreuth
Universitätsstraße 30
95447 Bayreuth

Dipl.-Geograph Martin Westermann
Abteilungsleiter Wirtschaftsförderung
Amt für Liegenschaften und Wirtschaftsförderung
Stadt Bergisch Gladbach
Friedrich-Ebert-Straße
51439 Bergisch Gladbach

Dipl.-Wirtschaftler Siegfried Zander
Geschäftsführer
Industrie- und Handelskammer Magdeburg
Alter Markt 8
39104 Magdeburg

Ziel des DVAG ...

... ist die Interessenvertretung der Angewandten Geographie und somit all jener, die Geographie in der Praxis als querschnittsorientierte Anwendung und Umsetzung geographischer Erkenntnisse in Gesellschaft, Wirtschaft, Planung, Politik und Verwaltung begreifen.

Der DVAG vertritt die Interessen der Berufstätigen und Studierenden und engagiert sich dafür, die Leistungen der Angewandten Geographie als Anbieter praxisnaher Lösungsmöglichkeiten zur Vorbereitung und Umsetzung unternehmerischer und politischer Entscheidungen noch weiter in das Bewußtsein der Öffentlichkeit zu rücken.

Dadurch fördert der DVAG Bedeutung und Image der Geographie und somit der Geographinnen und Geographen.

Leistungen des DVAG ...

... sind Fachtagungen und Weiterbildungsveranstaltungen, die im Dialog mit Fachleuten und Interessenten anderer Disziplinen aktuelle Themen in Diskussionen, Vorträge und Workshops aufgreifen.

... sind in bestimmten Fachgebieten kontinuierlich tätige Facharbeitsgruppen (FAG), die Stellungnahmen erarbeiten und Fachtagungen organisieren. Die FAGs sind fachliche Anlaufstelle für Mitglieder und Interessenten.

... sind Regionale Arbeitsgruppen (RAG), die Ansprechpartner des DVAG vor Ort. In Studienfragen sind die RAGs in Kooperation mit den Geographischen Instituten Kontaktstelle für die Studierenden. Die RAGs führen in regelmäßigen Abständen Diskussionsveranstaltungen und Exkursionen durch.

... sind Publikationen, in denen Tagungs- und Diskussionsergebnisse dokumentiert werden. Nachrichten und Trends aus allen Bereichen der Angewandten Geographie erscheinen vierteljährlich im STANDORT – Zeitschrift für Angewandte Geographie.

DEUTSCHER VERBAND FÜR ANGEWANDTE GEOGRAPHIE

Mitglieder des DVAG ...

... nutzen das Netzwerk beruflicher Kontakte und Anregungen durch aktive und berufsfeldbezogene Mitarbeit in RAGs und FAGs.

... erhalten Service- und Beratungsleistungen in allen Fragen der Angewandten Geographie einschließlich Arbeitsmarkt, Studium und Praktikum.

... beziehen kostenlos den STANDORT – Zeitschrift für Angewandte Geographie und ermäßigt die Schriftenreihen Material zur Angewandten Geographie und Material zum Beruf der Geographen.

... nehmen vergünstigt an allen Veranstaltungen des DVAG-Tagungs- und Weiterbildungsprogramms teil einschließlich Geographentag und geotechnica.

... sind in allen Bereichen von Wirtschaft, Politik und Verwaltung, als Freiberufler, in Forschungsinstitutionen und Hochschulen, in Verbänden und Stiftungen tätig.

Der DVAG ...

... wurde 1950 von Walter Christaller, Paul Gauss und Emil Meynen als Verband Deutscher Berufsgeographen gegründet.

... ist Mitglied im Zentralverband der Deutschen Geographen e.V., in dem als Dachverband etwa 8.000 Mitglieder der geographischen Fachverbände und Gesellschaften Deutschlands vertreten sind.

**Deutscher Verband für
Angewandte Geographie e.V. (DVAG)**
Königstraße 68
53115 Bonn
☎ 0228 / 914 88 11
📠 0228 / 914 88 49

Veröffentlichungen des DVAG

Der Deutsche Verband für Angewandte Geographie (DVAG) dokumentiert regelmäßig die Ergebnisse seiner Tagungen in der Reihe "**Material zur Angewandten Geographie**" (MAG). In den letzten Jahren sind darin erschienen:

MAG 20 Umweltplanung – Reparaturunternehmen oder
ökologische Raumentwicklung?
hrsg. 1991 im Auftrag des DVAG von Burghard Rauschelbach und Jan Jahns

MAG 21 Die Vereinigten Staaten von Europa – Anspruch und Wirklichkeit
hrsg. 1991 im Auftrag des DVAG von Arnulf Marquardt-Kuron,
Thomas J. Mager und Juan-J. Carmona-Schneider

MAG 22 Die Region Leipzig–Halle im Wandel – Chancen für die Zukunft
hrsg. 1993 im Auftrag des DVAG von Juan-J. Carmona-Schneider und
Petra Karrasch

MAG 23 Raumbezogene Informationssysteme in der Anwendung
hrsg. 1995 im Auftrag des DVAG von Peter Moll

MAG 24 Umweltschonender Tourismus –
Eine Entwicklungsperspektive für den ländlichen Raum
hrsg. 1995 im Auftrag des DVAG von Peter Moll

MAG 25 Umweltverträglichkeitsprüfung – Umweltqualitätsziele – Umweltstandards
hrsg. 1994 im Auftrag des DVAG von Thomas J. Mager, Astrid Habener und
Arnulf Marquardt-Kuron

MAG 26 Angewandte Verkehrswissenschaften – Anwendung mit Konzept
hrsg. 1995 im Auftrag des DVAG von Arnulf Marquardt-Kuron und
Konrad Schliephake

MAG 27 Regionale Leitbilder – Vermarktung oder Ressourcensicherung?
hrsg. 1995 im Auftrag des DVAG von Burghard Rauschelbach

MAG 28 Land unter – Bedeutungswandel und
Entwicklungsperspektiven "Ländlicher Räume"
hrsg. 1995 im Auftrag des DVAG von Frank Hömme

MAG 29 Stadt- und Regionalmarketing – Irrweg oder Stein der Weisen?
hrsg. 1995 im Auftrag des DVAG von Rolf Beyer und Irene Kuron

MAG 30 Regionalisierte Entwicklungsstrategien
hrsg. 1995 im Auftrag des DVAG von Achim Momm, Ralf Löckener,
Rainer Danielzyk und Axel Priebs

MAG 31 **UVP und UVS als Instrumente der Umweltvorsorge**
hrsg. 1995 im Auftrag des DVAG von Werner Veltrup und
Arnulf Marquardt-Kuron

Die Veröffentlichungen können bezogen werden
- in jeder guten Buchhandlung,
- bei der Versandbuchhandlung für geowissenschaftliche Fachliteratur Sven von Loga, Postfach 940104, 51089 Köln, oder direkt
- beim Verlag Irene Kuron, Lessingstraße 38, 53113 Bonn.

STANDORT − Zeitschrift für Angewandte Geographie

Der STANDORT stellt aktuelle Fakten, Entwicklungen der Angewandten Geographie und verwandter Fachgebiete zur Diskussion.
Seit rund zwanzig Jahren zeigt er viermal jährlich übergreifend raumwirksame Trends auf, gibt Anregungen zur Umsetzung geographischer Fachkenntnisse und analysiert Entwicklungen des Arbeitsmarktes für Geographinnen und Geographen.
Zu beziehen ist der STANDORT beim Springer-Verlag, Postfach 311340, 10643 Berlin.
Für Mitglieder des DVAG ist der Bezug des STANDORT im Mitgliederbeitrag enthalten.

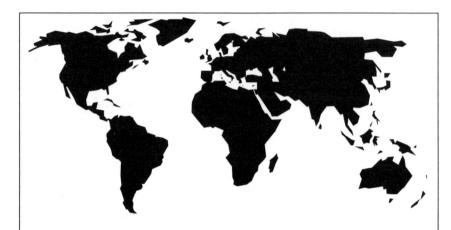

Geographen-Report

Ein Beruf im Spiegel der Presse

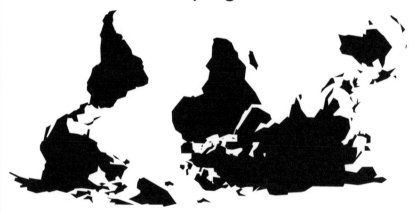

Arnulf Marquardt-Kuron / Thomas J. Mager (Hrsg.)

Stimmen zum Geographen-Report

»Alles in Allem ist den Herausgebern bzw. Autoren ein guter Wurf gelungen.«
(Dr. Peter M. Klecker,
STANDORT – Zeitschrift für Angewandte Geographie 2/94)

»Die interessante Dokumentation belegt ein Stück geographischer Basisarbeit. ...
Was die Dokumentation aber auch belegt, sind die fachinternen Defizite und Desiderate: an "großen" Themen mangelt es ebenso wie an der Rezeption von Geographie und Geographen in den überregionalen Tageszeitungen.
Hat die Geographie in der Presse wirklich nichts zu sagen über Entwicklungsländerprobleme, Bevölkerungswachstum, Umweltdegradation oder Flüchtlingsströme?
Seien wir für die Zukunft mutiger auch in dieser Hinsicht. Da wir selber davon überzeugt sind, überzeugen wir doch auch die Öffentlichkeit von unserer postulierten Leistungsfähigkeit!«
(Prof. Dr. Eckart Ehlers,
Geographische Rundschau 3/95)

Der Geographen-Report:
Ein Beruf im Spiegel der Presse

Der Geographen-Report gibt erstmals einen umfassenden Überblick über das Verhältnis von Geographen und Geographinnen zur schreibenden Presse bzw. deren Verhältnis zum Fach Geographie.

Ein Jahr lang wurde die deutsche Presselandschaft flächendeckend nach dem Begriff »Geographie« durchforstet. Von den rund 600 gefundenen Zeitungsausschnitten, die durch Archivmaterial ergänzt wurden, werden rund 80 ausgewählte Beispiele im Original wiedergegeben.

Das Ergebnis dieser ersten systematischen Zeitungsrecherche über das Bild der Geographie in Deutschland wird von namhaften Autoren analysiert und kommentiert.

Ergänzend dazu wird die Situation in Österreich und in der Schweiz behandelt.

Zum Schluß kommen die Autoren zu Vorschlägen für eine Image-Kampagne für die Geographie.

Von der geographischen Fachpresse wurde der Geographen-Report sehr positiv aufgenommen, wie die nebenstehend wiedergegebenen Rezensionen belegen.

Der Geographen-Report hat sich daher zum Standardwerk für all diejenigen entwickelt, die im Bereich der Öffentlichkeits- und Pressearbeit – nicht nur für die Geographie – tätig sind.

Geographen-Report – Ein Beruf im Spiegel der Presse
hrsg. von Arnulf Marquardt-Kuron und Thomas J. Mager
mit Beiträgen von Bruno Benthien, Richard Brunnengräber, Hans Elsasser, Arnulf Marquardt-Kuron, Thomas J. Mager, Wigand Ritter, Götz von Rohr, Hans Jörg Sander, Michael Sauberer, Konrad Schliephake, Volker Schmidtke, Günther Schönfelder
236 Seiten, Bonn 1993, Ladenpreis 34,– DM
Zu beziehen in jeder guten Buchhandlung oder direkt bei
Verlag Irene Kuron, Lessingstraße 38, 53113 Bonn

"Curiosa Geographica ist eine begrüßenswerte Sammlung zum Teil schon klassischer, ernster, humoristischer und satirischer Texte, eine Einladung zur Distanz, zum Lächeln und zu entspannendem Nachdenken über uns selbst – zur Steigerung wissenschaftlich-geographischer Bemühungen. Dieser entspannende und mit Lächeln vollzogene Abstand zum Gegenstand der größten wissenschaftlichen Liebe ist der pluralistischen Geographie mit ihren augenblicklich noch vergeblichen Consensus-Werbungen vonnöten, wie der verstopften Erde der ausbrechende Vulkan. Schmunzeln über uns selbst bringt uns weiter als methodologische Verbissenheit!" (Hanno Beck in seiner Einführung)

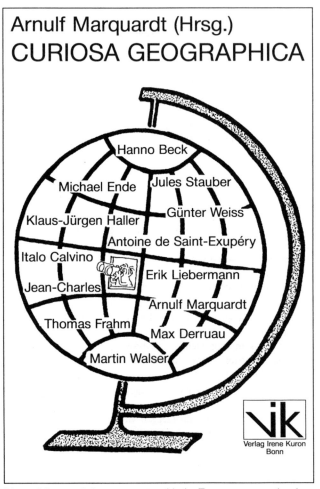

Arnulf Marquardt (Hrsg.)
CURIOSA GEOGRAPHICA

Hanno Beck
Michael Ende
Jules Stauber
Klaus-Jürgen Haller
Günter Weiss
Antoine de Saint-Exupéry
Italo Calvino
Jean-Charles
Erik Liebermann
Arnulf Marquardt
Thomas Frahm
Max Derruau
Martin Walser

vik
Verlag Irene Kuron
Bonn

"Wer sich über Geographie amüsieren möchte, wer geographische Entspannung sucht, dem sei dieses Büchlein empfohlen." (Ambros Brucker, Geolit 1/1988)

Curiosa Geographica
hrsg. von Arnulf Marquardt
mit Beiträgen von Hanno Beck, Italo Calvino, Jean-Charles, Max Derruau,
Michael Ende, Thomas Frahm, Klaus-Jürgen Haller, Erik Liebermann,
Arnulf Marquardt, Antoine de Saint-Exupéry, Jules Stauber, Martin Walser,
Günter Weiss
90 Seiten, Bonn 1987, Ladenpreis 12,80 DM
Zu beziehen in jeder guten Buchhandlung oder direkt bei
Verlag Irene Kuron, Lessingstraße 38, 53113 Bonn